# Profession : travailleur autonome

Les Éditions Transcontinental inc.
1253, rue de Condé
Montréal (Québec) H3K 2E4

Tél. : (514) 925-4993
(888) 933-9884

Fondation de l'Entrepreneurship
160, 76e Rue Est, bureau 250
Charlesbourg (Québec) G1H 7H6

Tél. : (418) 646-1994
(800) 661-2160

La collection *Entreprendre* est une initiative conjointe de la Fondation de l'Entrepreneurship et des Éditions Transcontinental inc. afin de répondre aux besoins des futurs et des nouveaux entrepreneurs.

**Données de catalogage avant publication (Canada)**
Laferté, Sylvie
Profession : travailleur autonome
Collection *Entreprendre*
Publié en collaboration avec la Fondation de l'Entrepreneurship.
ISBN 2-89472-048-3
1. Travailleurs indépendants. 2. Entreprises nouvelles. 3. Projet d'entreprise. 4. Plan d'affaires. I. Saint-Pierre, Gilles, 1951- . II. Fondation de l'Entrepreneurship. III. Titre. IV. Collection : *Entreprendre* (Montréal, Québec).

HD8036.L33 1997 658.1'141 C97-940891-1

Imprimé au Canada

**Révision et correction :**
Louise Dufour, Lyne Roy

**Mise en pages et conception graphique de la couverture :**
Studio Andrée Robillard


Dépôt légal - 3e trimestre 1997
Bibliothèque nationale du Québec
Bibliothèque nationale du Canada

ISBN 2-89472-048-3 (Les Éditions)
ISBN 2-921681-73-0 (La Fondation)

Les Éditions Transcontinental est une maison d'édition reconnue par les organismes d'État responsables de la culture et des communications.

Nous remercions le ministère du Patrimoine canadien et la Société de développement des entreprises culturelles pour leur appui à notre programme de publication.

SYLVIE LAFERTÉ
GILLES SAINT-PIERRE

# Profession : travailleur autonome

## Note de l'éditeur

Indépendamment du genre grammatical, les appellations qui s'appliquent à des personnes visent autant les femmes que les hommes. L'emploi du masculin a donc pour seul but de faciliter la lecture de ce livre.

À Hélène et René

# Avant-propos

Avec l'actuelle crise de l'emploi, de plus en plus de personnes choisissent le travail autonome afin de mieux exprimer leur potentiel entrepreneurial. Résultat : depuis quelques années, le nombre de travailleurs autonomes est en croissance au Québec.

Quelques facteurs contribuent à cet engouement : la « tertiarisation » de notre économie; la nouvelle économie du savoir, qui met l'accent sur la compétence des personnes et constitue la principale ressource des travailleurs autonomes; enfin, la mondialisation de l'économie, qui augmente la mobilité des compétences et qui amène les personnes possédant des compétences particulières à ne plus être de simples employés, mais à devenir des agents libres négociant des ententes avec la ou les entreprises qui font appel à leurs services.

Dans *Profession : travailleur autonome*, les auteurs proposent un guide simple s'adressant autant aux personnes qui envisagent de faire carrière à titre de travailleur autonome qu'à ceux et celles qui sont déjà en activité. Le livre permet à ces derniers d'analyser leurs propres méthodes et leur fournit des pistes de réflexion pour élargir davantage leur marché.

Pour la Fondation de l'Entrepreneurship, le travail autonome représente l'une des tendances lourdes en émergence pour l'expression de l'entrepreneurship. Nous souhaitons donc longue vie à cet ouvrage qui, nous le souhaitons, contribuera à aider les travailleurs autonomes à trouver des solutions inédites pour régler les multiples problèmes auxquels ils font face.

**Denis Robichaud**
*Fondation de l'Entrepreneurship*

# Remerciements

Nous tenons à remercier tous les travailleurs autonomes qui ont bien voulu nous faire confiance et nous parler de leurs projets, de leurs problèmes et des solutions qu'ils y ont apportées.

Quelques remerciements spéciaux :

- Monsieur René Houle, ex-directeur général de Option Réseau Estrie inc. et maintenant travailleur autonome, lequel a bien voulu relire ce volume et nous faire part de ses pertinents commentaires.
- Madame Any Trépanier, technicienne en informatique, qui a bien voulu nous permettre d'utiliser son plan d'affaires à titre d'exemple.
- Monsieur Lionel Arsenault, de Saint-Narcisse, qui nous a gentiment permis d'utiliser l'étude de marché qui appuie le plan d'affaires de madame Trépanier.
- Monsieur Jean-François Levasseur, comptable agréé, de Trois-Rivières, qui a répondu avec empressement à toutes nos interrogations sur les épineuses questions fiscales.

Nous désirons également remercier nos conjoints pour leur patience à notre égard lorsque nous devions travailler le soir, la fin de semaine et durant nos supposées vacances.

Enfin, nous ne saurions oublier les membres de l'Institut d'entrepreneuriat de l'Université de Sherbrooke qui ont toujours su répondre à nos questions et nous suggérer des pistes de réflexions intéressantes.

**La Fondation de l'Entrepreneurship** œuvre au développement économique et social en préconisant la multiplication d'entreprises capables de créer l'emploi et de favoriser la richesse collective.

Elle cherche à dépister les personnes douées pour entreprendre et encourage les entrepreneurs à progresser en facilitant leur formation par la production d'ouvrages, la tenue de colloques ou de concours.

Son action s'étend à toutes les sphères de la société de façon à promouvoir un environnement favorable à la création et à l'expansion d'entreprises.

La Fondation peut s'acquitter de sa mission grâce à l'expertise et au soutien financier de quelques organismes. Elle rend un hommage particulier à ses quatre partenaires :

et remercie ses gouverneurs :

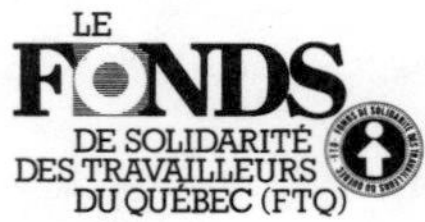

Ville de Montréal

# TABLE DES MATIÈRES

# Introduction

Ce livre s'adresse à deux clientèles : la première est composée de ceux qui veulent devenir travailleurs autonomes et la deuxième, de ceux qui sont déjà travailleurs autonomes.

Pour les premiers, nous nous proposons de sensibiliser le plus grand nombre de personnes aux possibilités offertes par le travail autonome.

Quant aux seconds, nous désirons guider votre action et vous permettre de vérifier vos décisions et vos modes de fonctionnement (quand on se regarde, on se désole ; quand on se compare, on se console).

Nous nous adressons autant aux travailleurs autonomes par choix qu'aux travailleurs autonomes par obligation, les uns ayant décidé de laisser un emploi afin de se lancer en affaires, les autres, sans emploi, ayant choisi le travail autonome comme solution de rechange viable. Dans les deux cas, le résultat est le même : ils ont pris leur destinée en main.

Ce livre s'inscrit dans un contexte où de plus en plus de gens ont à jongler avec un, deux, voire trois emplois à temps partiel et à travailler à forfait (contrats) comme pigistes, tout en faisant des pieds et des mains pour équilibrer leur vie personnelle et professionnelle ; dans un contexte aussi où les gens ont de la difficulté à intégrer ou à réintégrer le marché du travail après des études, un congé parental ou une perte d'emploi. Enfin, il s'inscrit dans un contexte où tous, nous voulons assurer notre sécurité financière et améliorer notre qualité de vie.

Nous voulons donc répondre aux questions qui nous sont le plus souvent posées et suggérer des pistes de solutions aux problèmes les plus fréquents lorsqu'une personne pense à devenir travailleur autonome ou à agir comme pigiste. Parmi ces questions, mentionnons la localisation idéale pour l'entreprise, la mise en marché du produit ou du service, la gestion professionnelle de l'entreprise, le choix de la forme juridique, le financement du projet de travail autonome et la gestion du temps et du stress.

Finalement, nous comptons présenter sommairement les grandes étapes de la planification d'un projet de travail autonome, de l'occasion d'affaires à la rentabilité du projet.

Pour illustrer notre propos, nous avons joint en annexe un exemple de plan d'affaires. Il s'agit du plan d'affaires de madame Any Trépanier, technicienne en informatique. Toutes les données présentées dans ce document sont réelles, seules quelques renseignements personnels ont été changés.

Nous espérons que ce volume vous encouragera à poursuivre vos démarches vers l'autonomie que permet le fait d'être son propre patron.

CHAPITRE 1

# Le travail autonome, un monde à découvrir

• • •

*La fortune aime les gens peu sensés*
*Elle aime les audacieux et ceux qui ne craignent pas de dire :*
*Le sort en est jeté.*

ÉRASME, Éloge de la folie

• • •

Le travail autonome n'est pas nouveau. Il y a toujours eu des métiers et des professions où cela était la règle. Regardez autour de vous, il y a plus de travailleurs autonomes que vous ne le pensez. Dans les années à venir, ils seront d'ailleurs de plus en plus nombreux. Le travail autonome est non seulement un choix de carrière, mais il est devenu la réponse d'un grand nombre de personnes face aux turbulences économiques actuelles et surtout à la difficulté de trouver un emploi.

## 1.1 UNE PLACE DE PLUS EN PLUS GRANDE POUR LE TRAVAIL AUTONOME

Vous constatez comme nous que la croissance économique de l'après-guerre est bel et bien terminée. Il suffisait alors de produire pour vendre. Maintenant, les marchés se mondialisent et la concurrence est de plus en plus forte entre les entreprises. Il suffit d'aller au supermarché pour voir des raisins du Chili et des mandarines du Maroc. Vous retrouvez de l'eau embouteillée au Québec à Cancun, au Mexique, et du sirop d'érable de la Beauce au Japon.

Actuellement, il faudrait être aveugle pour ne pas voir que notre économie se restructure. L'État n'embauche plus et se désengage de plusieurs activités en laissant aux petites et moyennes entreprises ou aux travailleurs autonomes le soin de prendre la relève.

Quant aux grandes entreprises, comment réagissent-elles ? Les réalités de la « nouvelle économie » les obligent à prendre des actions radicales ou à fermer. Ainsi, plusieurs d'entre elles ont décidé de produire des biens de plus grande qualité aux moindres coûts. Ayant en horreur les frais fixes, les entreprises font tout pour les diminuer. Pour abaisser leurs coûts de production et être plus flexibles, souvent elles ont recours à la sous-traitance[1], ce qui créé des possibilités d'affaires pour les travailleurs autonomes ou les pigistes[2].

> *Paul nous a dit : « Ça faisait cinq ans que je travaillais au Service de la paye dans cette entreprise de 500 employés. Je n'étais pas comptable agréé, mais j'avais appris sur le tas. La compagnie a décidé de faire faire les payes ailleurs. Quand j'ai vu cela, j'ai contacté plusieurs PME et j'ai offert mes services comme comptable. Ça a marché dans trois cas, dont mon ancien employeur. Maintenant, j'ai mon propre bureau et je gagne bien ma vie tout en ayant un certain contrôle sur mon horaire de travail. »*

La situation de Paul est une situation où plusieurs personnes se retrouvent actuellement et se retrouveront de plus en plus dans l'avenir.

On observe que plusieurs entreprises préfèrent se concentrer sur l'essentiel, soit sur leurs forces, et délaissent certaines activités, ce que l'on nomme l'impartition. Mais un fait demeure, les tâches habituelles doivent se faire quand même et, comme nous l'avons déjà mentionné, l'entreprise a recours à la sous-traitance. La sous-traitance permet à l'entreprise de se désengager de certaines activités internes sans avoir recours à des embauches permanentes. Il y a ainsi moins de bureaucratie et moins d'obligations pour l'entreprise.

> *Jean-Claude nous a raconté : « J'étais camionneur chez un grand fabricant de meubles. J'aimais cela, mais mon employeur a décidé de sous-traiter le transport de ses produits. J'ai perdu mon emploi mais j'ai acheté un camion et je travaille à mon compte maintenant. Mon meilleur*

---

1. La sous-traitance pour une entreprise est de faire faire par une autre entreprise, sur une base régulière ou ponctuelle, certaines opérations. Par exemple, la comptabilité peut être faite par une firme comptable ou un comptable travailleur autonome, la fabrication d'une pièce par une entreprise ou un travailleur autonome spécialisé.
2. Dans ce volume, les termes *travailleur autonome* et *pigiste* ont la même signification. Nous savons toutefois que, dans certains milieux, ces deux termes ont des significations différentes. Nous utiliserons indifféremment les deux termes comme synonymes dans le seul but d'alléger le texte.

> *client, c'est mon ancien patron. J'aime beaucoup ma situation actuelle. Je suis indépendant et j'ai plus d'intérêt à travailler. Mon adaptation a été beaucoup plus facile que je le croyais. »*

Certes, Jean-Claude a dû faire certains ajustements dans sa vie. C'est normal. Être son propre patron est très différent du travail salarié : la paie ne rentre pas chaque semaine, il faut établir son propre horaire de travail, il faut se discipliner et travailler même s'il fait beau, il faut trouver ses propres clients... Ne vous découragez pas, plusieurs le font avec succès.

Bref, le temps des *jobs* à plein temps dans les grosses *shops* est pour ainsi dire fini. L'entreprise qui jadis était intégrée, c'est-à-dire celle qui faisait toutes les activités requises, maigrit maintenant. Elle peut faire faire ses activités informatiques à un endroit, la paye ailleurs. Souvent, ce n'est plus elle qui assure le transport de ses produits et elle n'a plus ses propres avocats.

Une des réponses à ce phénomène : de plus en plus de gens choisissent le travail autonome afin d'assurer leur autonomie financière. Dans *La Presse* du jeudi 16 janvier 1997, dans un article de Claude Picher[3], on peut lire :

> *« ...le nombre de travailleurs autonomes a plus que triplé en dix ans. Ils représentent maintenant 16 % de la main-d'œuvre, soit 2,2 millions de travailleurs au Canada, plus d'un demi-million au Québec. Et leur nombre explose littéralement. La dernière enquête de Statistique Canada sur la population active montre que l'an dernier, les travailleurs autonomes représentaient 56 % des emplois créés par le secteur privé. Oui, oui : plus d'un emploi sur deux. Et ce n'est pas fini : certaines prévisions indiquent déjà qu'ils dépasseront le million, au Québec, dans quatre ans. Les autonomes représenteront alors un emploi sur trois. »*

3. *La Presse*, jeudi 16 janvier 1997, « La révolution des autonomes », Claude Picher, page E3.

## 1.2 TRAVAILLEUR AUTONOME ET ENTREPRENEUR... Y A-T-IL UNE DIFFÉRENCE ?

Il existe une certaine confusion entre des termes comme travailleur autonome, entrepreneur, micro-entreprise et PME. Cela est normal car chacun peut avoir sa définition. Essayons de préciser certaines choses.

Tout d'abord, les termes travailleur autonome et entrepreneur sont associés au statut d'individu et, surtout, à l'exercice d'un travail de production d'un bien ou de prestation d'un service. Un travailleur autonome est une personne seule qui tire ses revenus de la vente de ses compétences ou de la fabrication artisanale d'un produit. Quand on parle d'entrepreneurs, on ajoute les notions de développement de l'entreprise et du nombre d'employés de celle-ci.

Regardons les exemples de monsieur Tremblay et de madame Hamel.

> Monsieur Tremblay est diététiste et considère que plusieurs personnes souffrent de mauvaise alimentation. Il pense aussi que ces personnes auraient besoin d'un suivi individuel. Il est même persuadé que des gens seraient prêts à payer pour obtenir des conseils et un suivi en ce qui a trait à leurs habitudes alimentaires. Devant ces considérations, il ouvre un bureau de diététiste conseil près d'autres professionnels de la santé, soit des médecins et des psychologues.
>
> Madame Hamel est fort habile de ses mains. Dans ses loisirs, elle fabrique des objets décoratifs en bois (canards, plats, petites tablettes, etc.). Ses amis trouvent cela très joli et lui en commandent. De fil en aiguille, elle finit par en vendre à des boutiques spécialisées de Montréal. Après un certain temps, madame Hamel doit se consacrer à plein temps à cette activité.
>
> Deux ans plus tard...
>
> Madame Hamel fabrique seule ses objets décoratifs en bois depuis déjà deux ans. Elle ne fournit plus à la demande et embauche un employé à plein temps. Quelques mois plus tard, elle doit embaucher un autre employé et passe de plus en plus de son temps à gérer son entreprise au détriment de la fabrication qu'elle

confie à ses employés. Elle vend maintenant ses produits dans toute la province et elle songe sérieusement à exporter aux États-Unis. Elle embauche alors un consultant en marketing pour faire une étude de marché qui s'avère positive. Elle recourt encore à l'embauche et se retrouve avec cinq employés.

Voilà deux exemples de personnes qui ont choisi de travailler à leur compte plutôt que d'être des employés. Ils exercent un métier ou une profession qui leur permet de contrôler l'exercice de leur travail et qui les met en contact avec plusieurs clients.

Madame Hamel est devenue une entrepreneure et dirige maintenant une micro-entreprise parce qu'elle embauche des employés et qu'elle a décidé de développer son marché. Ce scénario est loin d'être irréaliste, plusieurs entrepreneurs ont débuté comme travailleurs autonomes.

Enfin, la distinction entre micro-entreprise et PME se trouve essentiellement quant au nombre d'employés. Ainsi, selon le ministère de l'Industrie, du Commerce, de la Science et de la Technologie du Québec (MICST)[4], une micro-entreprise compte moins de 5 employés alors qu'une PME en compte de 5 à 250.

## 1.3 CE N'EST NI LE CIEL NI L'ENFER

Dire que devenir travailleur autonome est facile et que le processus pour y arriver est pavé de roses serait mentir ; dire que c'est si difficile que personne n'y parvient serait également loin de la vérité. Des milliers de personnes deviennent travailleurs autonomes chaque année et réussissent très bien. Comme nous l'avons vu, il y a actuellement plus d'un demi-million de travailleurs autonomes au Québec seulement. Mais que font ils ?

4. Gouvernement du Québec, *La PME au Québec, état de la situation 1994*, Direction des communications, ministère de l'Industrie, du Commerce, de la Science et de la Technologie, 1995.

On retrouve des travailleurs autonomes dans tous les secteurs d'activité, tous les métiers et toutes les professions. En résumé :

> *« Les travailleurs autonomes sont surtout des professionnels en gestion pour le secteur privé (18 %), ils sont des vendeurs de marchandises et de services (16 %) ; ils sont des exploitants agricoles (12 %) ; des travailleurs spécialisés dans les services personnels ou dans la préparation des aliments (9 %) ; ils sont des travailleurs du bâtiment (9 %) ; des travailleurs spécialisés dans la fabrication, le montage et la réparation (8 %) — mécanique, textile, fourrure, cuir, produits en bois, etc. — ils sont des travailleurs de la santé et des soins thérapeutiques et infirmiers (6 %) ; ils vivent du transport routier (4 %)[5]. »*

Le travail autonome est donc relativement accessible à plusieurs personnes qui recherchent l'avantage d'être à leur compte :

- Vous êtes indépendant, vous êtes votre propre patron. Plusieurs personnes préfèrent être maîtres de leur destin et mènent leur vie dans cet état d'esprit.
- Contrairement à ce qui arrive dans un emploi régulier, vous récoltez entièrement tous les fruits de votre réussite. Vous êtes responsable de votre succès. Cela encourage plusieurs personnes à bien travailler.
- Le traitement fiscal de vos revenus peut être intéressant car pour le même montant d'argent gagné, il vous en reste plus après impôt que si vous étiez à salaire. En effet, vous pouvez déduire plusieurs dépenses, autrement non admissibles, de votre revenu.
- La relation que vous développez avec vos clients peut être fort enrichissante tant sur le plan professionnel que personnel.

5. GASSE, Yvon et D'AMOURS, Aline (1993), page 109.

Mais toute médaille a son revers !

- Si vous faites un mauvais coup, vous ne dépendez que de vous-même. Votre filet de sécurité peut être mince. Il n'y a pas non plus de congés de maladie ni de vacances payées. Cela peut causer une certaine insécurité financière.
- Vous devez gérer votre stress et votre insécurité en période plus difficile. Il n'y a pas d'organisation pour vous soutenir. Tout repose sur vos épaules.
- Vous n'avez plus de patron, mais vous avez plusieurs clients qui sont exigeants.

### 1.4 POURQUOI DEVIENT-ON TRAVAILLEUR AUTONOME ?

Généralement, il existe deux principales raisons qui poussent les gens à se lancer en affaires.

Par goût de l'indépendance et par défi personnel.

> Julie nous a raconté : « Même s'il y avait de l'ouvrage dans mon domaine, je me serais établie à mon compte quand même. J'aime trop mon indépendance et lorsque ça va bien, c'est payant. »

Par nécessité, pour créer son propre emploi.

> Propos entendus à la cafétéria de l'université : « Je viens de quitter l'université, il n'y a pas d'emploi comme ingénieur. Moi et mon "chum" qui est aussi ingénieur, nous sommes forts dans le secteur de l'environnement. Il y a des contrats là-dedans. Nous en avons d'ailleurs eu quelques-uns pendant nos études. Certes, on ne refuserait pas un emploi à plein temps, mais il faut de l'expérience pour être embauché. On continue nos contrats en environnement, sauf qu'on en fait plus souvent puisque maintenant on peut s'y consacrer à plein temps. »

Quelquefois, le goût et la nécessité cohabitent pacifiquement chez une personne qui aspire à se lancer en affaires. Pour vous, qu'en est-il ?

## 1.5 PLUS DE PERSONNES QUE L'ON CROIT SONT CAPABLES DE DEVENIR TRAVAILLEURS AUTONOMES

Fruit d'un rêve ou résultat d'une nécessité, le travail autonome est actuellement une voie à considérer pour ceux et celles qui veulent travailler. Suis-je fait pour cela ? Est-ce réservé aux supermen ? Telles sont les questions que vous vous posez sûrement. C'est tout à fait normal et naturel.

Nous croyons que le travail autonome est à la portée de milliers de personnes, d'autant plus que cette forme de travail est de plus en plus populaire et répond aux besoins de l'économie québécoise actuelle. Plusieurs personnes possèdent les caractéristiques personnelles pour réussir dans ce domaine et, généralement, on reconnaît le travailleur autonome :

- à sa ténacité et à sa perspicacité. Il ne faut pas lâcher !

> J'ai la tête dure, je tiens cela de ma mère. Si je m'étais découragé aux premiers obstacles, je n'aurais pas réussi à bâtir ma pâtisserie. Il s'agit de ne pas paniquer lorsqu'on a de mauvaises nouvelles, il faut plutôt être optimiste. Quelquefois, il faut agir vite, d'autres fois non, mais il ne faut jamais se décourager.

- à la confiance qu'il a en lui-même. C'est un gage de succès !

> J'ai confiance en moi, peut-être un peu plus que la moyenne des gens. J'ai du front. Il en faut pour réussir.

- à son individualisme qui débouche même quelquefois sur un peu d'égoïsme. Aide-toi et le ciel t'aidera !

> Vous n'aimerez pas ce que je vais vous dire, mais pour réussir, il faut penser à soi d'abord et aux autres ensuite. C'est la jungle, n'oubliez jamais cela.

- à sa grande capacité de travail. Travailler pour soi, est-ce vraiment travailler ?

> Oui, oui. Il faut en mettre des heures de travail pour réussir. Mais c'est le « fun ». Et je travaille pour moi... dans ce que j'aime faire.

- à sa tolérance à un bon niveau de stress. Ça donne du piquant !

> Je suis moins stressée maintenant. Mais lorsque j'ai démarré mon salon de coiffure, j'avais de la difficulté à dormir. Je n'avais pas assez confiance en moi. Finalement, ça va bien et je suis fière de moi et ça paye bien. Je ne voulais pas toute ma vie demeurer à salaire.

- à sa fermeté dans l'atteinte de ses objectifs et à sa souplesse dans le choix de ses moyens pour parvenir à ses fins. Savoir où on veut aller, mais faire preuve de flexibilité quant au trajet à parcourir pour y arriver !

> Je sais que je veux être mon propre patron. Je n'oublie jamais mon but d'être indépendant, de ne rien devoir à personne. Mais je sais bien qu'il faut faire des concessions.

Vous reconnaissez-vous ? Certes, tous ne naissent pas avec ces traits de caractère, mais vous pouvez les acquérir par la volonté et le travail. Ceux qui réussissent en affaires ne sont pas des héros, ce sont des gens comme vous et moi. Vous en connaissez sûrement dans votre entourage. Demandez-leur conseil. N'hésitez pas.

> Moi, une héroïne ? Non jamais ! Avant, je pensais que celles qui se lançaient en affaires l'étaient, mais depuis que j'ai mon commerce, je vois que c'est faisable par du monde.

Comme le dit cette dame, il ne s'agit pas d'être parfait pour se lancer en affaires ni de posséder toutes les caractéristiques que nous venons d'énumérer. Il faut plutôt bien se connaître et bien évaluer ses forces et ses faiblesses.

Pour vous permettre d'évaluer vos forces et vos faiblesses, répondez aux questions que vous trouverez à la fin de ce chapitre. D'ailleurs, à la fin de chaque chapitre, après avoir résumé les principaux éléments, nous vous suggérons quelques exercices afin d'approfondir vos réflexions sur les sujets en question.

## 1.6 EN RÉSUMÉ

- Le travail autonome est une façon de plus en plus populaire de gagner sa vie.
- Être travailleur autonome comporte des avantages, mais aussi des inconvénients avec lesquels on doit composer pour connaître le succès.
- On peut devenir travailleur autonome par choix ou par obligation.
- Pour devenir travailleur autonome, il faut posséder ou développer des qualités telles la ténacité, la souplesse et la résistance au stress.

Dans le tableau qui suit, répondez aux questions en indiquant, sur une échelle de 1 à 5, les caractéristiques personnelles qui font votre force et celles sur lesquelles vous devrez travailler pour vous améliorer. Allez-y, n'hésitez pas !

## *Exercice 1 :* Autoévaluation de vos caractéristiques personnelles

| | FORCE | | | FAIBLESSE | |
|---|---|---|---|---|---|
| | 5 | 4 | 3 | 2 | 1 |
| Suis-je tenace ? | | | | | |
| Ai-je confiance en moi ? | | | | | |
| Suis-je individualiste ? | | | | | |
| Est-ce que j'ai une grande capacité de travail ? | | | | | |
| Puis-je tolérer le stress ? | | | | | |
| Suis-je ferme dans l'atteinte de mes objectifs personnels ? | | | | | |
| Suis-je souple dans le choix des moyens pour réussir ? | | | | | |

Selon vos réponses aux questions ci-dessus, vous connaîtrez quelles sont vos plus grandes forces et vos plus gros défis à relever, soit vos faiblesses.

Discutez de vos réponses avec un ami intime et demandez-lui ce qu'il en pense. Réfléchissez ensuite à la façon dont vous pourriez vous améliorer et aux moyens que vous prendrez pour ce faire. Nous discuterons de certains de ces moyens et de l'aspect des compétences professionnelles dans un prochain chapitre.

Pour une évaluation plus complète de vos caractéristiques entrepreneuriales, la Fondation de l'Entrepreneurship dispose d'un questionnaire plus détaillé. Il s'agit du document *Évaluation de mes caractéristiques entrepreneuriales*, élaboré par Yvon Gasse et son équipe*.

Vous pouvez aussi lire le volume de Gasse et D'Amours qui présente un chapitre sur le travail autonome.

GASSE, Yvon et D'AMOURS, Aline. *Profession entrepreneur : avez-vous le profil de l'emploi ?*, collection Entreprendre, Les Éditions Transcontinental inc. et Fondation de l'Entrepreneurship, Montréal et Charlesbourg, 1993.

* Ce questionnaire est disponible à la Boutique de l'entrepreneur au coût de 19,95 $. Informez-vous au (418) 646-1994 pour les gens de la région de Québec et au 1 800 661-2160 pour les gens de l'extérieur de Québec. Vous pouvez aussi remplir un questionnaire moins détaillé dans le site Internet de la Fondation de l'Entrepreneurship (http://www.entrepreneurship.qc.ca). Vos résultats vous seront transmis par courrier électronique au coût de 10 $.

CHAPITRE 2

# Le succès, plus qu'une question de chance

• • •

*Pour progresser, il ne suffit pas de vouloir agir,*
*il faut d'abord savoir dans quel sens agir.*

G. LE BON, Hier et demain

• • •

Dans les milieux populaires, on associe souvent le succès à la chance. Certes, il est important d'avoir de la chance, mais il faut plus que cela pour réussir en affaires.

Votre succès dépendra en grande partie de votre vision de l'avenir, de votre expertise dans le domaine d'activité que vous aurez choisi, de la qualité de votre réseau d'affaires et de relations, et de votre capacité d'être un gestionnaire professionnel, notamment en ce qui concerne la mise en marché de votre produit ou de votre service et la gestion financière de votre travail autonome. Dans ce chapitre, nous insisterons sur les trois premiers éléments (vision, compétences et réseau) et parlerons brièvement du dernier, la gestion professionnelle. Ce dernier sujet sera sous-jacent à toutes nos discussions et nous y reviendrons tout au long de ce livre.

## 2.1 J'AI UNE VISION ACTIVE DE MON AVENIR

*Une vision sans action n'est qu'un rêve.*
*Une action sans vision ne sert qu'à passer le temps.*
*Une vision accompagnée d'un plan d'action peut changer le monde.*

JOËL BARKER, futurologue américain

Une des forces de l'être humain est d'être capable de concevoir les réalités futures qu'il désire et de prendre les moyens pour les concrétiser. Vous devez donc avoir une vision de votre travail autonome. L'imaginer. Vous voir assis à votre bureau. Vous voir négociant avec votre banquier. Évidemment, vous n'atteindrez pas toujours ces objectifs, mais vous saurez ce que vous voulez, car vous aurez une vision de votre projet.

Une vision, c'est une image mentale de la situation que nous voulons vivre plus tard, c'est l'objectif ultime qui permettra d'affirmer que nous sommes heureux. Une vision n'a pas besoin d'être grandiose pour être motivante. Elle n'a besoin que de refléter ce que nous trouvons important.

Par exemple, une vision peut concerner la famille : assurer à ma famille un environnement de vie sain. Une vision peut aussi être reliée à la profession : être la meilleure dans mon domaine d'activité. Une vision peut refléter un objectif de nature financière : garantir mon autonomie financière.

> Je me faisais un scénario où je m'imaginais à mon bureau, parlant avec des clients de ma société de placement de cadres. Je me croyais un peu folle, mais je pense que c'est nécessaire d'avoir une vision de son projet en fonctionnement, et ce, avant de démarrer. Cela diminue le stress et donne confiance en soi.

Les grandes personnalités des affaires sont reconnues pour avoir été ou être des visionnaires. Même s'il ne s'agit pas de travailleurs autonomes, mentionnons, à titre d'exemples, les Watier, Lemaire et Bombardier. Ils ont tous accompli de grandes choses à partir de débuts souvent très modestes. Quel est le secret de leur succès ? Leur vision et le plan d'action qu'ils se sont donnés pour agir.

Pour que la vision se distingue du rêve, il faut y ajouter des actions et des résultats dans le temps. Il faut en faire une série d'objectifs et d'actions qui nous permettront de réaliser cette vision. Par exemple, pour devenir le meilleur dans son domaine d'activité, on peut se fixer les objectifs de suivre au moins deux activités de formation par année ou de lire les principales revues spécialisées dans le domaine.

Enfin, il faut nous assurer que les décisions ou les actions que nous prenons vont nous permettre de nous rapprocher de la réalisation de notre vision. Bref, il faut toujours se poser cette question : Est-ce que cette action, cette décision, me rapproche de ma vision, de mes objectifs personnels et d'affaires ?

Si votre vision de l'avenir est claire, il vous sera alors plus facile de prendre les décisions qui vous rapprocheront de votre objectif. Quand on connaît notre destination, il est plus facile de s'y rendre.

Pour vous aider à réfléchir sur votre vision, répondez aux questions soulevées dans l'exercice 2 que vous trouverez à la fin de ce chapitre.

## 2.2 J'AI UNE EXPERTISE CERTAINE DANS MON DOMAINE D'ACTIVITÉ

Réussir dans le domaine du travail autonome demande que vous ayez des avantages compétitifs sur vos concurrents. Il faut que vous soyez meilleur qu'eux sur certains points : produits de plus grande qualité, service plus rapide ou à proximité des clients. Bien souvent, la différence entre le succès et l'échec dépendra de votre connaissance du secteur d'activité.

En effet, bien connaître le secteur d'activité dans lequel vous voulez devenir travailleur autonome vous évitera bien des tracas. Premièrement, vous y serez connu (avantageusement), on y reconnaîtra donc votre expertise, ce qui vous facilitera la vie pour trouver des clients et des références.

Deuxièmement, vous en connaîtrez les règles du jeu : quels sont les prix de vente dans le secteur pour ainsi fixer le vôtre, qui sont les bons fournisseurs, comment faire les choses, quel équipement choisir, etc. Cela vous facilitera la tâche pour démarrer et gérer votre travail autonome.

Enfin, et nous bouclons la boucle, cette connaissance vous aura permis de développer l'expertise pratique que vous pourrez revendre à votre clientèle. Nous reviendrons d'ailleurs sur ce sujet au prochain chapitre.

## 2.3 LES TROIS *R* DU SUCCÈS = RÉSEAU, RÉSEAU ET RÉSEAU

Être compétent n'est pas suffisant, il faut savoir se vendre. Il est nécessaire de se bâtir un réseau d'affaires et de relations. Vous devez tisser des liens privilégiés avec ceux qui vous envoient des clients, avec ceux qui sont susceptibles de parler de façon positive de la qualité de vos produits ou services, avec ceux également qui vous donnent des renseignements pertinents à la bonne marche de vos affaires.

> Je suis notaire depuis cinq ans. Au début, lorsque je suis sorti de l'université, j'ai eu des contrats avec deux agents d'immeuble. Ils voulaient un notaire compétent et rapide. Ils ont été satisfaits de moi. Depuis, ils m'envoient plusieurs clients.

> Je prends des contrats de peinture de trois entrepreneurs généraux. Au début, ils m'ont testé. J'ai été sérieux et « régulier ». Depuis, je ne manque pas de travail.

Un des facteurs de réussite des travailleurs autonomes est leur capacité à établir et à exploiter un réseau de contacts. Ce réseau est généralement composé d'un noyau dur de 5 à 10 personnes gravitant dans le même secteur d'activité ou dans des domaines connexes. Ces personnes sont en contact régulier avec le travailleur autonome et peuvent lui fournir de l'information pertinente à l'exploitation de son entreprise.

Dans ce noyau dur du réseau, on retrouvera des conseillers, des fournisseurs, des clients, voire d'autres travailleurs autonomes de la région, qui visent une autre clientèle.

Autour de ce noyau dur, le travailleur autonome pourra développer un réseau plus vaste de personnes évoluant dans des milieux plus éloignés de ses préoccupations quotidiennes, mais qui pourraient lui venir en aide dans des circonstances très précises ; par exemple, un ancien professeur pourrait l'aider lorsque des éléments plus théoriques sont requis pour effectuer un contrat.

Un bon réseau sera d'une grande utilité pour vous. Il vous permettra d'entrer en contact avec des personnes qui autrement auraient été inaccessibles, de recruter de nouveaux clients et de connaître les nouveautés dans votre secteur d'activité. Il pourra aussi vous être utile en cas de surplus de travail ou lorsque des contrats exigent diverses expertises. En effet, vous pourrez offrir aux membres de votre réseau d'effectuer certaines parties d'un travail à titre de pigiste ou de sous-traitant.

Bâtir un réseau est difficile et facile à la fois. Il est difficile de répertorier les bonnes personnes à intégrer dans son réseau. Il est relativement plus facile de garder le contact et d'échanger de l'information. Cependant, il vous faudra être prudent, entretenir un réseau peut demander beaucoup de temps... ; soyez réaliste quant à l'allocation du temps que vous accorderez à vos relations externes. Votre travail est de gérer votre entreprise, pas de passer votre vie au téléphone ou dans des rencontres sociales.

Vous devez aussi vous attendre à donner autant qu'à recevoir. Si vous ne « nourrissez » pas votre réseau, un beau jour la source se tarira et vous vous retrouverez seul.

Le réseau d'affaires, c'est comme le réseau d'amis. D'une façon un peu caricaturale, en échange du prêt de votre tondeuse à gazon, Julie viendra garder vos enfants ; en échange d'une recette de gâteau au fromage, Paul vous donnera l'adresse de son chiropraticien ; en échange d'un renseignement sur le meilleur restaurant de Trois-Rivières, Jean-Luc vous invitera au meilleur bistro de Hull. En affaires, c'est le même principe qui s'applique.

Pour le travailleur autonome, le réseau d'affaires est la meilleure source non seulement d'information, mais aussi de clientèle.

Josée est consultante en démarrage d'entreprise. Il était très difficile pour elle de reconnaître et de recruter des clients. En effet, comment trouver les entrepreneurs potentiels ? Elle a cependant trouvé une façon simple de régler ce petit problème. Où vont les gens quand ils veulent démarrer une entreprise ? Ils vont à la banque

> ou à la caisse, ou encore chez un intervenant économique. Josée a bâti son réseau d'affaires autour des responsables du crédit commercial et des intervenants économiques qui lui réfèrent maintenant la presque totalité de ses clients.

Après avoir lu ce chapitre, afin de vous aider à bâtir votre réseau, prenez quelques minutes pour faire l'exercice 2 à la fin de ce chapitre.

## 2.4 L'OUTIL MODERNE DU RÉSEAUTAGE

Aujourd'hui, il vous faut utiliser des outils modernes. Il n'y a pas si longtemps, un réseau était constitué de personnes de la même ville et, lorsque le budget d'interurbains le permettait, de l'extérieur de la région. Aujourd'hui, grâce à Internet et au courrier électronique, un membre de votre réseau peut se trouver en Australie ou en Amérique du Sud.

Internet vous permet non seulement de faire des recherches sur différents sujets, mais vous donne aussi la possibilité de rester en contact avec des personnes du monde entier et d'y obtenir des contrats. Ce nouvel outil est un don des dieux pour les travailleurs autonomes.

Le courrier électronique vous permet aussi d'économiser sur les frais de poste, d'imprimante et de photocopies. Un *clic* et voilà votre document parvenu à Québec, à Montréal ou à Jonquière, ou aux trois endroits simultanément !

> En furetant dans Internet, j'ai trouvé un site en Suisse où on demandait des offres de services pour la mise en pages d'une bande dessinée. J'ai soumissionné... et je l'ai eu. Je n'en croyais pas mon écran d'ordinateur.

S'abonner à Internet n'est pas si dispendieux. Certains fournisseurs de services offrent un accès de 15 à 20 heures pour une vingtaine de dollars par mois et pour une quarantaine de dollars un accès illimité. Pour vous aider dans vos recherches et pour titiller votre intérêt pour le sujet, nous vous proposons en annexe une douzaine de sites Internet fort intéressants pour les travailleurs autonomes.

## 2.5 EN PLUS DU RÉSEAU, LE PARRAINAGE

Laissez-nous ici vous formuler un conseil important. Il se résume ainsi : pour réussir, il faut bien s'entourer. De cette façon, vous pourez obtenir une meilleure performance. L'entourage se compose généralement, en plus du réseau d'affaires, d'un parrain ou d'une marraine d'affaires.

À la naissance, chacun d'entre nous s'est vu offrir un parrain et une marraine dont le rôle est, entre autres, de nous soutenir dans notre cheminement spirituel. Il en est de même pour votre entreprise : votre parrain ou votre marraine pourra vous appuyer dans votre cheminement d'affaires.

Lors du démarrage de votre entreprise, pourquoi ne pas vous doter d'un parrain ou d'une marraine, qui non seulement vous aidera à monter votre réseau d'affaires, mais vous soutiendra pendant les moments difficiles et vous appuiera dans vos décisions, tout au long de votre vie de travailleur autonome ?

Regardez autour de vous et désignez une ou plusieurs personnes d'expérience du monde des affaires, non concurrentes avec vous, en qui vous auriez confiance et avec qui vous aimeriez parler de temps à autre. Cette personne peut faire partie de la famille ou de votre réseau d'amis, être une pure étrangère ou encore une personne retraitée de votre secteur d'activité. Consultez la liste des personnes susceptibles de faire partie de votre réseau (liste que vous ferez à l'exercice 2 à la fin de ce chapitre) ; votre parrain ou votre marraine s'y trouve peut-être. Assistez à quelques rencontres de la chambre de commerce ou d'autres associations d'affaires de votre région, rencontrez des gens et voyez si l'une de ces personnes conviendrait à titre de parrain ou marraine. Informez-vous auprès des organismes de développement économique de votre région pour vérifier s'ils ont une banque de marraines ou de parrains potentiels à vous proposer.

Enfin, rencontrez la personne désignée et demandez-lui si elle veut vous parrainer. Insistez sur le fait que vous ne lui demandez pas de vous financer ni de vous endosser à la banque, mais seulement de vous ouvrir des portes et de vous conseiller dans les domaines de la gestion et des affaires où vous êtes le moins à l'aise.

> J'ai créé mon entreprise moi-même avec l'aide de mon épouse. Nous recyclons les cartouches d'imprimante. On ne connaissait rien aux affaires au début. On a appris. Même si j'ai démarré sans aide, j'aurais aimé avoir quelqu'un avec qui discuter des affaires. J'aurais pu éviter quelques erreurs bêtes.

Votre relation de parrainage devra, il va sans dire, être bénévole et sans conflit d'intérêts, car cela teinterait désavantageusement votre relation de confiance.

## 2.6 UNE GESTION PROFESSIONNELLE

Pour réussir en affaires, il faut plus qu'un réseau d'affaires et un parrain ou une marraine, il faut aussi une gestion professionnelle. Assumer la gestion, c'est tout simplement planifier, organiser, diriger et contrôler les ressources de l'entreprise, soit les ressources financières, matérielles et humaines (soi-même dans le cas des travailleurs autonomes). C'est aussi gérer les activités de base, soit le marketing, la production et la comptabilité.

Pour un travailleur autonome, planifier signifie se donner des objectifs à atteindre, organiser signifie bien gérer les ressources nécessaires pour atteindre ses objectifs, diriger signifie faire les choses au quotidien, et contrôler signifie vérifier si l'on a atteint nos objectifs pour planifier de nouveau, le cas échéant.

Tout au long de ce livre, nous vous parlerons de ces différents sujets. Nous avons déjà parlé de vos objectifs dans ce chapitre. Nous discuterons d'organisation, de direction et de contrôle dans les chapitres suivants par le biais de sujets pratiques. Enfin, nous accorderons un chapitre particulier à la mise en marché ainsi qu'aux questions financières.

## 2.7 EN RÉSUMÉ

- Avoir des objectifs à atteindre et une vision de l'avenir favorise le succès de nos démarches.
- Le succès d'un travailleur autonome est plus qu'une question de chance. Il relève de sa connaissance du secteur d'activité, de son réseau d'affaires et de son professionnalisme dans la gestion.
- Avoir recours aux conseils éclairés d'un parrain ou d'une marraine et d'un réseau d'affaires est un atout certain pour le travailleur autonome.

*Exercice 2 :* **Développer ma vision et mon réseau ; trouver mon parrain ou ma marraine d'affaires**

### Développer ma vision

Pour vous aider à réfléchir sur votre avenir à court terme (2 ans), moyen terme (5 ans) et long terme (10 ans), voici quelques trucs.

*Premier truc :* imaginez une page de votre agenda dans 2, 5 et 10 ans ; inscrivez-y les rendez-vous et les tâches qui vous attendent dans la journée.

Vous pouvez aussi faire cet exercice en imaginant votre entreprise (chiffre d'affaires, nombre de clients, marchés desservis, etc.). Ajoutez le nombre d'employés que vous aurez si vous envisagez la croissance pour votre travail autonome.

*Deuxième truc :* imaginez qu'à l'âge avancé de 110 ans, vous êtes invité par votre arrière-arrière-petit-fils de 8 ans à assister à une présentation en classe. Chacun des élèves doit présenter une personne de sa famille qui a fait sa marque dans la société. Votre arrière-arrière-petit-fils vous a choisi. Qu'aimeriez-vous qu'il dise de vous ?

*Troisième truc :* fermez les yeux et imaginez la pièce où vous travaillez quotidiennement dans 2, 5 et 10 ans ; dessinez-la et faites-en la description. L'environnement physique dans lequel vous vous voyez vous aidera à trouver votre vision de l'avenir.

Après avoir fait cet exercice à l'aide de l'un ou de plusieurs des trucs mentionnés, répondez aux questions suivantes :

- Qu'est-ce que je veux faire dans 2 ans, 5 ans, 10 ans ?
- Quels sont mes objectifs personnels et d'affaires ?

### Bâtir mon réseau et trouver un parrain ou une marraine d'affaires

Pour bâtir votre réseau, commencez par dresser la liste des personnes que vous connaissez et qui pourraient vous être utiles tant dans vos démarches de démarrage de votre entreprise qu'une fois celle-ci en fonctionnement. N'oubliez pas d'indiquer l'utilité, le rôle que vous aimeriez que ces personnes jouent auprès de vous ; par exemple, un ex-collègue de travail pourrait vous indiquer les nouvelles tendances dans votre domaine, un banquier ou un fournisseur pourrait vous référer des clients et un client habituel pourrait vous en envoyer d'autres.

Ensuite, découvrez les façons dont vous pourriez les aider, c'est-à-dire trouvez le genre de renseignements ou de services que vous pourriez éventuellement leur rendre. N'oubliez jamais que dans un réseau, il s'agit d'une relation donnant-donnant.

Après avoir répertorié ces personnes, établissez un échéancier pour les rencontrer, leur parler de votre entreprise et de vos projets, leur demander leur soutien tout en leur offrant le vôtre. Vous verrez, cette stratégie peut accomplir de petits miracles. Enfin, assurez-vous de garder le contact une fois votre entreprise en activité et ajoutez, au fur et à mesure, les noms des personnes que vous rencontrez et que vous croyez pouvoir faire partie de votre réseau.

Enfin, participez à des activités ou des regroupements de travailleurs autonomes. C'est une façon efficace et agréable de se bâtir un réseau d'affaires. À titre d'exemple, mentionnons le réseau Entreprises Jeunesses, l'Association des travailleurs et travailleuses autonomes du Québec et les clubs de nouveaux entrepreneurs. Pour connaître les coordonnées de ces regroupements dans votre région, informez-vous auprès de Communication-Québec ou du service d'aide aux jeunes entrepreneurs de votre région.

Faites la liste des personnes pouvant faire partie de votre réseau d'affaires et répondez à ces questions :

- Quels pourraient être l'utilité ou les rôles de ces personnes ?
- Comme il faut donner autant que recevoir, comment pourrez-vous les aider ?
- Quand allez-vous rencontrer ces personnes ? À quel endroit pourrez-vous les rencontrer ?
- Parmi ces personnes, qui pourrait être votre parrain ou votre marraine d'affaires ?

Pour en savoir plus sur la façon dont les entrepreneurs développent leur vision, consultez ce livre, écrit par Louis Jacques Filion, directeur de la Chaire d'entrepreneurship Maclean Hunter des HEC.

FILION, Louis Jacques. *Vision et relations : clefs du succès de l'entrepreneur*, Les éditions de l'entrepreneur, Montréal, 1990.

Si la gestion ou le management vous intéressent, nous vous suggérons les écrits de Pierre G. Bergeron qui sait rendre très accessibles des sujets arides et complexes. Un titre particulier a attiré notre attention.

BERGERON, Pierre G. *La gestion dynamique : concepts, méthodes et applications, 2e éd.*, Gaëtan Morin éditeur, Boucherville, 1995.

CHAPITRE 3

# Je choisis de « GAFFER »

• • •

*Je ne cherche pas, je trouve.*

PICASSO

• • •

Vous avez décidé d'aller plus loin dans votre démarche pour devenir travailleur autonome ? Bravo ! Nous discuterons maintenant de la façon de choisir ou d'évaluer une idée d'entreprise, l'idée qui vous collera à la peau, qui vous obsédera même, mais qui vous permettra de devenir autonome financièrement.

Il existe plusieurs façons de trouver une idée d'entreprise, la meilleure étant de faire l'examen de vos compétences et de ce que vous possédez, ainsi que de ce qui pourrait vous servir à des fins d'entreprise. Voyons tout cela plus en détail.

## 3.1 CHOISIR DE « GAFFER » : UNE RECETTE POUR RÉUSSIR

La recette que nous vous proposons est très simple, il s'agit pour vous de GAFFER. Oui, vous avez bien lu : GAFFER. GAFFER en trouvant une idée d'entreprise qui respectera vos goûts, vos moyens financiers (argent et biens personnels), votre formation et votre expérience. De plus, elle sera relativement facile à réaliser et aura un potentiel intéressant de rentabilité.

En fait, GAFFER veut tout simplement dire que la meilleure idée d'entreprise, pour vous, est celle qui vous permettra d'exploiter votre expertise pour en assurer le succès. Elle peut aussi vous permettre d'exploiter une occasion que vous aurez repérée dans le marché. GAFFER est une méthode fort simple qui peut vous aider à trouver et à valider une idée d'entreprise.

| GAFFER, une méthode simple et efficace | |
|---|---|
| **G** | Goût ou intérêt pour le secteur d'activité et pour la gestion. |
| **A** | Argent comptant ou actif (biens) qui pourraient vous servir à exploiter votre entreprise. |
| **F** | Formation pratique et théorique dans le secteur d'activité et pour la gestion. |
| **F** | Faisabilité, soit la disponibilité des ressources pour réaliser le projet et la présence d'un marché. |
| **E** | Expérience pratique, rémunérée ou non, dans le secteur d'activité et en gestion. |
| **R** | Rentabilité, soit les profits envisagés compte tenu du coût du projet. |

## 3.2 LES INGRÉDIENTS DE LA RECETTE

En suivant la recette suggérée par GAFFER, vous pouvez explorer le ou les domaines d'activité où vous auriez le plus de chance de succès comme travailleur autonome.

Imaginez que vous avez le goût et de l'intérêt pour démarrer votre entreprise dans le secteur du dessin commercial, que vous possédez déjà une table à dessin ou un logiciel de dessin, que, dans votre municipalité, vous êtes pratiquement le seul à pouvoir offrir ce service et que vous n'avez que quelques centaines de dollars à investir. De plus, supposez que vous venez de terminer un cours intensif en gestion des affaires ou que vous avez acquis de l'expérience dans le domaine du dessin et des connaissances en gestion en agissant à titre de bénévole dans une organisation locale. Dites-vous enfin que vous pouvez alors facilement GAFFER avec une entreprise de dessin.

Il faut donc que vous vous posiez quelques questions sur le genre d'entreprise que vous aimeriez démarrer, sur les avantages financiers ou autres que vous en attendez et sur vos forces et vos faiblesses par rapport à l'entreprise dont vous rêvez. Dans les pages qui suivent, nous traiterons plus en détail des éléments de GAFFER. Afin de simplifier la présentation, nous discuterons de la formation et de l'expérience dans un même jet, puisque ce sont les deux éléments qui constituent vos compétences. Voyons tout ceci plus en détail.

### 3.2.1 Qu'avez-vous le goût de faire ? (GAFFER)

Quand vous vous lancez en affaires, vous devez le faire sérieusement et pour longtemps. Il doit s'agir d'une décision mûrie. Une des premières questions à se poser avant de faire le grand saut est celle-ci : qu'est-ce que j'aimerais faire tous les jours pour les 5, 10 ou 20 prochaines années ?

Il est certain que d'avoir le goût ou un minimum d'intérêt pour le secteur d'activité est une condition essentielle au succès de l'entreprise. En effet, quand on aime quelque chose, par exemple le dessin, les jeux de rôles et de stratégie ou encore la cuisine, on y excelle habituellement. Et si l'on y excelle, on a plus de chance de connaître le succès que si l'on est simplement « bon ». Attention, le goût et l'intérêt ne doivent pas seulement porter sur le secteur d'activité. Pour réussir, il faut être compétent dans son secteur, bien sûr, mais il faut l'être aussi en gestion. Si vous ne l'êtes pas, il faudra penser à combler vos manques. Vous pouvez le faire en vous associant avec quelqu'un en qui vous avez toute confiance ou en suivant une formation en démarrage d'entreprise.

Attention, la passion n'apporte pas à dîner : il faut vous assurer que vous n'êtes pas le seul à vous intéresser à votre idée d'entreprise. Ça prend des clients qui sont prêts à payer pour obtenir votre produit ou votre service, même si vous trouvez qu'il s'agit d'un bien essentiel.

Louis est un passionné des jeux de rôles et de stratégie ; les jeux du genre Donjon et Dragon et Risk ne lui posent aucun problème. Il joue aussi souvent qu'il le peut. Il connaît tous les jeux, tous les trucs, autant sur informatique que sur papier. Il répond souvent aux questions de ses amis sur le comment et le pourquoi de tel ou tel jeu. Il rêve de pouvoir jouer et aider les autres joueurs à plein temps, et ce, jusqu'à sa mort. Un beau matin... il se lève avec l'idée de démarrer son entreprise dans le domaine des jeux de rôles. Bizarre ? Non, pas vraiment.

Louis pourrait très bien démarrer un commerce de jeux de rôles mais, s'il ne porte pas attention, par manque d'intérêt, à la gestion de ses stocks ou de son fonds de roulement, il pourrait se retrouver avec des problèmes tôt ou tard : rupture ou surplus de stock, ou ne plus avoir assez d'argent pour payer ses comptes.

L'intérêt pour la gestion se développe et s'apprend, soyez sans crainte. Même si aujourd'hui vous ne voyez pas le « but de l'exercice » de la gestion, quand vous en aurez appris les techniques, vous verrez que sans gestion peu de profits. Voilà une bonne raison qui aide à développer un intérêt pour la gestion !

Soyez rassuré, quoiqu'il faille en maîtriser les techniques, la gestion en soi est surtout une affaire de bons sens. Si vous voulez en apprendre plus sur les techniques de gestion, sachez que les établissements d'enseignement offrent des formations, courtes ou longues, en gestion et en démarrage d'entreprise. Informez-vous auprès de la commission scolaire, du cégep ou de l'université le plus près de votre domicile.

Jean-François conserve toutes ses factures dans une boîte à chaussures. À la fin de l'année, il apporte le tout à son comptable. Après vérification, ce dernier lui apprend que son entreprise perd de l'argent et que, s'il avait fait sa tenue de livres tous les mois, Jean-François aurait vu qu'il payait certains produits beaucoup trop cher. Ah ! si Jean-François s'était inscrit au cours sur la tenue de livres offert à la polyvalente, au cégep ou à l'université, il aurait fait plus d'argent ces dernières années...

Bref, que vous soyez à la recherche d'une idée d'entreprise ou que vous l'ayez déjà trouvée, n'oubliez pas de vous poser cette question : est-ce que j'ai le goût de faire cela toute la journée, toute la semaine et une partie de la fin de semaine, pour le restant de mes jours ? Et vous, qu'avez-vous le goût de faire ?

### 3.2.2 Combien d'argent pouvez-vous investir ? (GAFFER)

Vous avez découvert un secteur d'activité pour lequel vous aviez de l'intérêt, tant mieux. Sinon, regardez autour de vous et vérifiez si certains de vos biens personnels ne pourraient pas vous servir dans l'exploitation de votre travail autonome. Peut-être possédez-vous un ordinateur, une maison à la campagne, un camion, un garage isolé, un sous-sol fini, une table à massage, un coffre d'outils bien garni, un terrain vacant, une chambre inoccupée, des appareils d'exercice physique, quelques vieux vélos qui traînent au sous-sol, que sais-je encore ?

Tous ces biens, que l'on nomme éléments d'actif, pourraient être mis à contribution pour trouver une idée d'entreprise ou encore démarrer votre travail autonome. Que penseriez-vous : de traitement de texte, de comptabilité pour les petites entreprises, de petits déménagements, d'un gymnase pour enfants, d'une garderie de quartier, de massages thérapeutiques, de réparations mineures, de devenir une personne à tout faire, d'ouvrir un centre équestre ou d'aménager un sentier d'interprétation de la nature, d'ouvrir un pensionnat, de faire des courses à vélo pour les personnes âgées...

Utiliser les biens que vous possédez déjà pour démarrer votre entreprise a pour avantage de diminuer les coûts de démarrage, puisque vous n'aurez pas besoin de les acheter.

> Jean et Louise possèdent une charmante vieille maison pas très loin du centre-ville : une couche de peinture, quelques bibelots et casseroles et voilà un « couette et café » pour accueillir les touristes cet été.

Vous n'avez pas d'argent ? Qu'à cela ne tienne, vous pouvez démarrer votre entreprise selon les moyens que vous avez ; par exemple, vous pouvez débuter à temps partiel (le soir et les fins de semaine), ou encore fonctionner quelque temps à partir de la maison avec l'équipement ou l'outillage que vous possédez déjà. Il sera toujours temps de prendre de l'expansion si tout va bien.

Quoi qu'il en soit, le capital dont vous disposez au démarrage est un critère qui vous aidera à décider de l'envergure de votre projet d'entreprise. Gardez en tête que rares sont les investisseurs, les institutions financières ou les gouvernements qui mettront plus d'argent que vous dans votre projet. Il est généralement reconnu que le minimum que vous devrez investir personnellement est de 20 % du coût total de votre projet. Par exemple, si vous calculez que votre projet a besoin de 10 000 $ pour démarrer, vous devrez investir au moins 2 000 $. Cet argent peut provenir de votre propre portefeuille ou encore de prêts que vous consentiront vos amis et votre famille, ou même des investisseurs de l'extérieur qui croient en votre projet. Informez-vous auprès de votre réseau... on ne sait jamais !

Dans certains cas, cette mise de fonds exigée par les prêteurs (votre propre argent) peut aller jusqu'à 50 % du coût total du projet, selon le risque, le secteur d'activité de votre travail autonome et les biens à financer ou à mettre en garantie. Par exemple, un prêteur ne financera pas de la laitue, sa garantie étant très périssable ; il aura également de la difficulté à financer une activité à haut taux de risque, comme la restauration ou les bars. Il sera cependant plus intéressé à vous prêter pour une bâtisse ou un terrain, ou encore pour une pièce d'équipement offrant une bonne valeur de revente, car... si jamais...

Bref, évaluer attentivement vos biens personnels et vos ressources financières avant de décider de vous lancer dans un secteur d'activité donné.

### 3.2.3 Une question de formation et d'expérience (GAFFER)

Pour trouver une idée d'entreprise ou pour vérifier si celle que vous avez trouvée correspond bien à vos compétences, il faut aller plus loin que l'étude de vos goûts et l'évaluation de vos biens. Il faut examiner attentivement votre formation et votre expérience, c'est-à-dire les choses que vous faites bien et mieux que les autres.

Une réflexion sur vos compétences peut vous aider à trouver une idée d'entreprise. Quitte à nous répéter, c'est dans le domaine où l'on excelle que l'on réussit le mieux, même et surtout en affaires. Cette même réflexion doit être faite si vous avez déjà trouvé votre idée d'entreprise. Posez-vous la question : comment mes compétences actuelles peuvent m'aider à faire fonctionner et à gérer l'entreprise dont je rêve ?

Si vous pensez que certaines compétences vous échappent, ne paniquez pas. Comme nous l'avons déjà mentionné, il existe plusieurs façons de combler vos petites lacunes de gestion ou d'expérience dans le secteur d'activité. Pour apprendre, comprendre et appliquer les techniques de gestion, vous pouvez faire des lectures ou assister à des activités de formation. Pour prendre de l'expérience, il n'y a malheureusement pas 36 solutions : il faut y travailler... dans un emploi rémunéré ou en faisant du bénévolat !

Alain, journalier de son métier, a une formation secondaire générale. Cependant, depuis 10 ans, il agit comme bénévole organisateur d'un tournoi de hockey mineur dans sa région. Au cours des années, il a occupé différents postes : vente de billets, gérance des concessions alimentaires, trésorier, secrétaire, responsable des bénévoles et président. Ces 10 années d'expérience lui ont permis de se familiariser avec la gestion du personnel, la comptabilité, la prise de décision, la gestion de projet et le domaine de la restauration. Quoi de plus naturel pour Alain que de démarrer son entreprise dans le secteur de la restauration : il a ouvert un comptoir-lunch près du terrain de base-ball à la suite de la fermeture de l'usine dans laquelle il travaillait.

Pauline voulait démarrer une entreprise dans l'affûtage de lames de scie industrielle. Elle avait vu l'occasion dans sa région, mais n'y connaissait rien. Elle partit donc travailler, en Ontario, dans une entreprise d'affûtage de lames de scie industrielle à titre d'employée d'entretien. Elle profita de son passage de six mois dans cette entreprise pour pratiquer son anglais et... cueillir de l'information sur la machinerie utilisée, sur les fournisseurs dont le nom apparaissait sur les camions de livraison, sur le type d'employés nécessaires, sur les étapes de production, etc.

### 3.2.4 Est-ce faisable ? (GAFFER)

Afin de déterminer si votre projet est faisable, interrogez-vous à la fois sur la disponibilité des ressources nécessaires à sa réalisation et sur la présence de clients prêts à acheter votre produit ou votre service.

> J'aimerais bien démarrer une entreprise qui offrirait des voyages dans l'espace... Mais ! Il faut bien rêver un peu...

Il faudra aussi vous assurer que les lois et les règlements vous permettent de réaliser votre projet. Au point où nous en sommes, parlons plutôt d'une première vérification de la « faisabilité » du projet. Allez-y donc selon votre connaissance actuelle du secteur d'activité de votre projet et de ses exigences.

Avant d'investir du temps et de l'argent dans un projet, il est essentiel de vous assurer que vous pourrez le mener à bien. Pour ce faire, vous aurez besoin de ressources tant humaines et matérielles que financières et techniques.

#### *3.2.4.1 Avoir les compétences nécessaires*

Vous êtes la première ressource humaine de votre entreprise, vous avez déjà fait le bilan de vos compétences et nous vous avons proposé des pistes de solutions pour combler vos petites lacunes. Mais, pour réaliser votre projet, vous aurez peut-être besoin d'autres personnes qui posséderont des compétences complémentaires aux vôtres ; par exemple, un comptable pour les états financiers, un avocat pour les questions juridiques, un sous-traitant pour rédiger vos rapports ou votre correspondance.

Vous devez commencer par évaluer vos besoins (comptabilité, marketing, travail de bureau, etc.) et par déterminer les critères qui vous feront choisir un conseiller ou un sous-traitant plutôt qu'un autre. Afin de choisir les meilleures ressources, informez-vous auprès d'autres travailleurs autonomes ou d'entrepreneurs de micro-entreprise que vous connaissez afin de prendre des références. Avant d'arrêter votre choix, rencontrez-en quelques-uns. Passez-les en entrevue, vérifiez, comme pour tout sous-traitant, les délais, les tarifs et les références d'autres clients.

Vos relations avec vos conseillers externes sont basées sur la confiance. Vous devez avoir assez confiance en eux pour suivre leurs conseils. Vous devez être en mesure de comprendre ce qu'ils vous disent... Méfiez-vous des conseillers qui vous noient sous le langage technique et qui, lorsque vous demandez des explications, vous répondent : « Ce n'est pas important que tu comprennes. Fais ce que je te dis et tout ira bien ! »

Vos relations avec vos sous-traitants sont basées sur la confiance, mais aussi sur les affaires. Vous les payez pour obtenir des résultats précis. Soyez prudent, ne devenez pas trop ami avec eux... il vous en coûtera alors beaucoup en émotion si vous devez arrêter d'avoir recours à leurs services.

#### *3.2.4.2 Avoir les outils, l'équipement et les autres biens nécessaires*

En plus de vos biens personnels, quels sont les outils ou l'équipement, les matières premières ou les fournitures dont vous avez besoin pour démarrer et faire fonctionner votre entreprise ? Pouvez-vous vous les procurer facilement et à quel prix ? Vous pouvez obtenir ce genre de renseignements en consultant le Répertoire des produits fabriqués au Québec du Centre de recherche industrielle du Québec (CRIQ). Vous y verrez entres autres des fournisseurs potentiels pour votre entreprise. Vous pouvez également vous informer auprès du commissaire industriel de votre région afin de voir si des entreprises locales offrent les produits ou services dont vous avez besoin. Vous trouverez un exemplaire de ce répertoire à la bibliothèque ou auprès d'un organisme de développement économique œuvrant dans votre région. Vous pouvez obtenir les coordonnées des organismes de développement économique de votre région en communiquant avec Communication-Québec.

Enfin, si vous connaissez bien votre secteur d'activité, vous connaissez probablement déjà les fournisseurs. D'un autre côté, le temps passé à magasiner afin d'obtenir de bons prix et de bonnes conditions de paiement n'est jamais perdu.

L'équipement dont vous aurez besoin peut être très récent ou encore inexistant. Certains procédés peuvent être difficiles à comprendre et à mettre en application, même si les fournisseurs offrent la formation nécessaire à leur utilisation. Bref, la technologie nécessaire pour démarrer et faire fonctionner votre entreprise est-elle offerte sur le marché ? Sinon, que ferez-vous ?

Par exemple, si vous avez besoin d'un logiciel spécialisé, existe-t-il ou devrez-vous le faire fabriquer sur mesure ? Aurez-vous besoin d'outils, d'équipement ou de procédés totalement nouveaux qu'il faudra inventer ou le tout est-il actuellement en vente sur le marché ? Si vous connaissez bien votre secteur d'activité, ces questions ne devraient pas vous poser trop de problème. Quoi qu'il en soit, consultez les revues ou les journaux spécialisés dans votre secteur d'activité. Vous serez surpris des renseignements que vous y trouverez.

#### *3.2.4.3 Avoir de l'argent*

Il va falloir payer pour obtenir ces compétences, cet équipement et cet outillage. Après avoir investi vos ressources financières personnelles pour les payer, à quelles autres sources pouvez-vous puiser ? Le montant nécessaire au démarrage et à l'exploitation de votre entreprise est-il réaliste compte tenu de votre propre mise de fonds ? N'oubliez pas la règle du 20 % minimum...

#### *3.2.4.4 Les lois et les règlements à respecter*

Existe-t-il des lois ou des règlements qui pourraient vous empêcher de réaliser votre projet ? Par exemple : les lois de la protection de l'environnement, l'utilisation de l'eau potable, la restriction quant à l'exploitation d'une entreprise à partir de la maison, les règlements de zonage, les heures d'ouverture des commerces, etc. Une visite chez Communication-Québec pourra vous permettre d'obtenir plusieurs documents sur les questions légales en ce qui concerne le démarrage d'une entreprise. Vérifiez aussi auprès de la municipalité, de votre corporation professionnelle, le cas échéant, ou auprès de tout ministère ou organisme gouvernemental qui pourrait avoir un lien avec le secteur d'activité dans lequel fonctionnera votre entreprise.

Louise voulait ouvrir un lave-auto dans son quartier. Elle avait détecté un besoin auprès de ses voisins. Après avoir choisi son emplacement, élaboré son plan d'affaires et pris des engagements verbaux avec le propriétaire du local, elle s'est vu refuser son permis d'exploitation municipal à cause d'un règlement sur l'utilisation de l'eau potable.

#### *3.2.4.5 Bien cerner et connaître son marché*

Selon votre expérience du secteur d'activité dans lequel vous envisagez de démarrer votre entreprise, qui sont les acheteurs ? Combien sont-ils ? Qui sont les concurrents ? Combien sont-ils ? Votre produit ou votre service répondra-t-il à un besoin exprimé par le marché ? Remplacera-t-il un produit ou un service déjà offert sur le marché ? Offrira-t-il un avantage particulier pour l'acheteur potentiel ?

Pour l'instant, répondez à ces questions selon votre connaissance du secteur d'activité de votre projet, à l'aide de renseignements que vous aurez trouvés dans vos lectures sur le sujet ou par votre observation du milieu. Plus tard, vous pourrez approfondir cette connaissance à l'aide d'une étude de marché[6]. Enfin, pour vous aider à répondre à ces questions, voici quelques précisions sur ce qu'est une clientèle cible, un marché.

---

6. Pour vous aider dans votre démarche concernant l'étude de marché, nous vous proposons le volume suivant : Gouvernement du Québec, *Connaître ses clients et leurs besoins : guide pratique d'analyse des besoins*, Les Publications du Québec, Québec, 1992.

Une clientèle cible, c'est un groupe de personnes ou d'entreprises qui possèdent des caractéristiques semblables et qui sont susceptibles d'acheter le produit ou le service que vous offrez. Par exemple :

- les femmes de 18 à 34 ans qui gagnent un revenu supérieur à 25 000 $ par année ;
- les entreprises manufacturières employant moins de 5 personnes ;
- les parents d'enfants de moins de 12 ans désirant que ceux-ci pratiquent des activités sportives durant les vacances estivales ;
- les entreprises québécoises du secteur de la boulangerie, désirant informatiser leur production et ayant un chiffre d'affaires annuel supérieur à 1 million de dollars.

Quand on connaît son marché cible, il est beaucoup plus facile de le rejoindre par de la publicité et par des messages qui lui sont bien adaptés. On peut aussi mieux préciser les caractéristiques que devra avoir notre produit ou notre service afin qu'il réponde à leurs besoins particuliers. Il sera aussi plus facile d'évaluer le nombre de clients possibles pour notre entreprise et d'estimer nos ventes potentielles.

### 3.2.5 Est-ce une idée rentable ? (GAFFER)

Il s'agit ici de vérifier si l'entreprise que vous envisagez de démarrer vous permettra a priori de « gagner votre vie ». Cet exercice vous aidera à déterminer si, à prime abord, l'idée d'entreprise que vous avez jouit d'un potentiel intéressant de rentabilité. Pour répondre à cette question, commencez par déterminer le montant d'argent total que vous devez retirer de votre travail autonome pour garder votre train de vie actuel ou, au minimum, pour payer vos dépenses personnelles fixes, tels les versements d'hypothèque, l'épicerie, l'électricité et le téléphone.

Ensuite, estimez, selon les résultats d'une étude de marché, le montant de ventes que vous pouvez faire en une année. Ce montant sera-t-il suffisant pour payer vos dépenses personnelles fixes ? N'oubliez pas de tenir compte de vos impôts et des dépenses supplémentaires qu'apportera l'exploitation de votre entreprise.

Louis est conservateur, il a estimé à 1 500 $ par mois ses dépenses fixes personnelles. À ce montant, il a ajouté 500 $ de dépenses diverses et d'imprévus, tant personnelles que professionnelles. Bref, Louis aura besoin de 2 000 $ nets par mois pour « arriver ». Louis, consultant en gestion, a estimé pouvoir facturer 20 heures par semaine à ses clients à un tarif de 25 $ l'heure, soit 500 $ par semaine pour un total de 26 000 $ par année. Ses frais fixes personnels et professionnels étant de 24 000 $ par année, à première vue, son entreprise serait rentable. Mais qu'en est-il de ses impôts ? Si ces impôts se chiffrent à 6 000 $, il lui restera seulement 18 000 $ pour parer à ces besoins personnels. Peut-être devra-t-il augmenter son tarif horaire ou encore travailler à augmenter le nombre d'heures facturées par semaine.

Toutes ces données, et d'autres encore, vous serviront à préparer votre plan d'affaires. Il s'agira alors de les approfondir et de vous assurer, sur papier, que vous avez pris les bonnes décisions avant de vous engager plus avant dans votre projet. Nous y reviendrons d'ailleurs au chapitre 8.

## 3.3 EN RÉSUMÉ

Les six commandements du travailleur autonome sont :

- aimer ce que l'on fait... ou fera ;
- être compétent dans son domaine ;
- être compétent en gestion ;
- respecter ses moyens financiers ;
- disposer des ressources nécessaires ou pouvoir les acquérir ;
- s'assurer que le projet est rentable.

## *Exercice 3* : Choisir de GAFFER

Afin de bien évaluer si votre idée d'entreprise vous permet de GAFFER, posez-vous les questions suivantes :

- Qu'est-ce que vous avez le goût de faire ? Avez-vous la passion nécessaire ?
- Dans quel domaine êtes-vous meilleur que les autres ?
- À la suite de cette réflexion, quelle est votre idée d'entreprise, votre projet ?
- Combien êtes-vous prêt à investir dans votre projet, en argent ? Faites la somme de l'argent comptant dont vous disposez. Ajoutez-y les sommes que vous pourriez recueillir en vendant une police d'assurance avec une valeur de rachat, en encaissant certains de vos placements (obligations d'épargne, bons du Trésor, etc.).
- Si vous possédez des biens ou des éléments d'actif qui pourraient être utiles au démarrage et à l'exploitation de l'entreprise, faites-en la liste en y indiquant la valeur approximative ; par exemple, un ordinateur, une maison, un terrain, de l'équipement de bureau, de l'équipement spécialisé, etc.
- Quelles sont les ressources matérielles dont vous avez besoin ? Indiquez les biens qui sont déjà en votre possession et évaluez les coûts des biens neufs à acquérir, par exemple : matières premières, fournitures de bureau ou de production, équipement informatique, de bureau ou de production, etc.
- Pensez-vous devoir emprunter ? Si oui, pour quel bien, quel montant et auprès de qui ? (Nous discuterons plus en détail des questions de financement dans le chapitre 7. Pour l'instant, répondez à cette question avec votre jugement.)

- Votre secteur d'activité est-il régi par des lois et règlements qui pourraient nuire ou encore aider à la réalisation de votre projet ? Citez ces lois et règlements selon leur palier.

  Le municipal :

  Le provincial :

  Le fédéral :

  La corporation professionnelle :

- Décrivez qui seront vos clients ? Sont-ils nombreux ?
- Compte tenu de vos dépenses mensuelles pour payer vos propres frais fixes, combien votre entreprise devra vous rapporter pour que vous soyez satisfait ?

Pour aller plus loin dans votre démarche pour trouver une idée d'entreprise, nous vous proposons deux livres dont l'approche est très différente. Le livre de Jean-Pierre Bégin et Danielle L'Heureux présente des idées et des sources d'idées d'entreprise selon vos intérêts d'affaires, par exemple la distribution, la vente, la fabrication, etc. Dans le volume de Sylvie Laferté, l'approche est très semblable à celle que vous avez pu lire dans ce chapitre (c'est normal, elle est coauteure) et elle fait état de plusieurs tendances dans la consommation. Il s'agit de deux livres complémentaires.

BÉGIN, Jean-Pierre et L'HEUREUX, Danielle. *Des occasions d'affaires : 101 idées pour entreprendre*, collection Entreprendre, Les Éditions Transcontinental inc. et Fondation de l'Entrepreneurship, Montréal et Charlesbourg, 1995.

LAFERTÉ, Sylvie. *Comment trouver son idée d'entreprise : découvrez les bons filons, 2e éd.*, collection Entreprendre, Les Éditions Transcontinental inc. et Fondation de l'Entrepreneurship, Montréal et Charlesbourg, 1993.

CHAPITRE 4

# Je m'organise

• • •

*Le trop d'expédients peut gâter une affaire :*
*On perd du temps au choix, on tente, on veut tout faire.*
*N'en ayons qu'un, mais qu'il soit bon.*

LA FONTAINE, Fables, Le chat et le renard

• • •

Avant de vous lancer dans la grande aventure, maintenant que vous avez fait l'inventaire de vos biens qui seront utiles à votre entreprise, vous devez faire des choix importants. Un des premiers choix sera l'endroit où vous exploiterez votre entreprise. Ensuite, vous devrez équiper votre bureau ou atelier, si ce n'est déjà fait, et fixer votre prix de vente. Enfin, il vous faudra organiser votre espace de travail et la gestion de vos documents.

## 4.1 JE CHOISIS LA LOCALISATION

Quand on parle d'endroit où s'installer, on parle de la localisation. Les décisions que vous prendrez sur ce sujet dépendront beaucoup de ce qui se fait généralement dans votre secteur d'activité et du type de clientèle que vous servez.

> « Wow ! Ce local serait parfait pour installer un bureau de consultant en informatique ! » Il est fort possible que la vue d'un local commercial libre vous ait donné le goût de vous lancer en affaires. Vérifiez quand même si l'emplacement que vous avez reconnu comme étant une occasion d'affaires est vraiment l'emplacement idéal.

L'endroit où installer l'entreprise est une question fort importante lorsque l'on veut devenir travailleur autonome. Il se peut que vous optiez pour demeurer à la maison ou que vous vous installiez dans un local commercial du centre-ville. Peut-être qu'un grand local, pas trop cher, à la campagne suffira ou qu'il sera nécessaire de trouver un endroit particulier pour rejoindre votre clientèle. Il n'y a pas de cas type ; il n'y a donc pas de réponse toute faite. Chaque situation est différente. Il faut que vous fassiez vous-même une analyse des localisations possibles en fonction de la nature des activités de votre projet de travail autonome.

Sortez votre crayon et votre calculatrice, chiffrez chacun de vos choix de la façon la plus conservatrice possible. Évaluez les avantages et les inconvénients de chacune des options de localisation. Parlez-en à des personnes qui connaissent cela et évitez les pièges du syndrome du « bureau au 14e étage avec vue sur le fleuve » et celui du « tant qu'à y être ».

Ces deux pièges sont mortels pour le travailleur autonome. Comme un virus, ils s'attrapent facilement et sont contagieux. Le premier virus s'attrape lorsque le travailleur autonome veut que tout soit parfait, trop parfait. Le prix n'a plus d'importance, c'est l'image qui compte. Oui, mais il ne faut pas ambitionner. Un bureau de coin au dernier étage de l'édifice le plus cher de la ville n'est peut-être pas pour aujourd'hui. Travaillez fort et un jour... peut-être...

Le deuxième virus, le « tant qu'à y être » s'attrape quand on visite les fournisseurs et non seulement les locaux offerts. Par exemple, vous avez besoin d'une imprimante laser tant qu'à y être et pour seulement 500 $ de plus, pourquoi ne pas prendre l'imprimante couleur ? En effet, pourquoi pas ? Additionnez tous ces « tant qu'à y être » et vous défoncerez à coup sûr votre budget.

Bref, vous devez vous-même trouver votre réponse. Il n'y a pas de bons ou de mauvais choix de localisation en soi, mais chaque activité économique a un lieu idéal.

> Je suis couturière, je me suis installée dans un centre commercial et j'ai pris une entente avec les magasins de vêtements. Ils m'envoient leurs vêtements à réparer ou à ajuster.

### 4.1.1 Je m'installe chez moi

Lorsque l'on devient travailleur autonome, on doit limiter ses coûts de démarrage et surtout avoir « en sainte horreur » les coûts fixes, ces coûts que l'on doit payer, que l'on fasse des ventes ou non, tels le loyer, les assurances, le téléphone et les intérêts sur emprunt. Voilà de bonnes raisons pour exploiter une entreprise à partir de la maison.

> J'ai commencé par faire de l'électrolyse à la maison. Mon loyer n'était pas cher et j'ai pu monter ma clientèle tranquillement. Je n'aurais pas pu me lancer en affaires autrement.

De plus, avec les nouvelles technologies de communication et d'informatique, avoir votre base d'activité à la maison est d'une simplicité enfantine.

> Aujourd'hui, avec l'informatique, tu fais beaucoup de choses à la maison. C'est formidable la télécopie, Internet et la boîte vocale.

Enfin, travailler à la maison vous permet de gagner du temps et de voir votre famille plus souvent.

> Je ne voulais pas d'un travail qui prenne tout mon temps. Le matin, je travaille pour ma petite entreprise de traduction ; l'après-midi, je m'occupe de mes enfants. C'est l'idéal.

Il faut bien voir les limites du travail à la maison. Évidemment, cela dépend de votre projet et de votre personnalité. Voyons maintenant quelques inconvénients :

L'isolement (nous y reviendrons d'ailleurs dans la conclusion de ce livre).

> Je suis isolé, mais je peux faire en sorte de sortir de cet isolement en m'engageant dans mon milieu.

L'image professionnelle peut en prendre un coup.

Pour certains, ça ne fait pas sérieux de travailler chez soi. Heureusement, cette perception tend à disparaître.

Le manque de discipline.

Je suis incapable de séparer ma vie privée de ma vie professionnelle. Je vais apprendre à me discipliner. D'autres le font... pourquoi pas moi ?

Bref, démarrer et gérer son entreprise à la maison est en soi une bonne stratégie. Si je veux rester petit, ça va, mais...

S'installer à la maison peut n'être qu'une première étape, rendue nécessaire par le manque de ressources financières, ou encore parce que vous voulez tester et bâtir une clientèle avant d'avoir réellement pignon sur rue. Pour d'autres personnes, le travail à la maison est un objectif en soi. Quelles que soient les raisons, il se peut que vous vous posiez la question après quelques mois. Dois-je quitter la maison ?

Si vous vivez une des situations suivantes, peut-être qu'il est temps de quitter votre demeure.

- Je reçois tellement de clients à la maison que mon salon est devenu une salle d'attente et que les voisins se plaignent qu'il y a trop d'autos dans la rue.
- J'ai tellement de stock à la maison que je manque d'espace.
- J'ai trop de travail et je dois engager une assistante.

### 4.1.2 C'est décidé, je loue mes propres locaux

Prenez garde, le choix d'un emplacement ne se fait pas à la légère surtout dans le domaine commercial. Il faut faire un choix entre l'achalandage que l'emplacement va apporter et le coût du loyer. Il est important d'analyser les choix d'emplacement en fonction de votre clientèle, de ses habitudes, de vos projets d'avenir, de la concurrence. Êtes-vous dans le bon quartier ? Y a-t-il de la place pour stationner ? Est-ce que les règlements municipaux sont respectés ?

Attention au contrat. Regardez bien avant de signer. Négocier un contrat de location commerciale ou d'un bureau n'est pas simple. Vous devez être très prudent et bon négociateur, car il existe plusieurs options. Mentionnons certains aspects qui sont à surveiller[7] :

- Qui va assumer les honoraires professionnels des notaires ou des avocats ?
- Qui va assumer les frais légaux (enregistrement du bail) ?
- Qui sera responsable en cas de bris ou d'accidents ?
- Qui occupera les autres locaux avoisinants ? Le propriétaire pourra-t-il laisser un concurrent s'installer à côté de votre local ? Qu'en est-il des voisins bruyants ou dérangeants ?
- Quel est le montant du dépôt de sécurité ?
- Y a-t-il une clause qui prévoit une fin de bail en cas de problèmes financiers ?
- De quelle façon sont partagés les frais communs (concierge, ascenseur, sécurité) ?
- Et bien d'autres questions encore.

Avant de signer, demandez conseil auprès de votre conseiller juridique. Faites attention aux « petites » clauses pas claires et trop larges. Vous pourriez le regretter. Évitez de montrer trop d'enthousiasme.

7. Pour en savoir plus sur les facteurs de localisation d'une entreprise, notamment dans le secteur commercial, nous vous proposons le livre d'Alain Samson, *J'ouvre mon commerce de détail*, dont vous trouverez la référence exacte dans la bibliographie à la fin du volume.

## 4.2 JE CHOISIS MON ÉQUIPEMENT INFORMATIQUE ET DE BUREAU

Lorsqu'on parle d'informatique, on parle d'ordinateur, d'imprimante, de modem, de lecteur de cédéroms, d'autoroute électronique, de ram et de mémoires, sans parler de la bataille rangée entre les initiés au sujet des avantages et inconvénients du matériel IBM contre Macintosh. Loin de nous la prétention de vous éclairer dans tous ces détails techniques. Laissez-nous cependant vous faire part de notre expérience en la matière.

Choisir entre un IBM et un Macintosh est surtout une question de réseau, tant informatique que d'affaires. Maintenant, avec les nouveaux systèmes d'exploitation, IBM et Macintosh sont aussi faciles d'utilisation l'un que l'autre. C'est surtout en ce qui a trait aux applications (logiciels) que certaines différences existent. Si, dans votre secteur, la majorité des gens travaille en IBM, ou s'ils utilisent Lotus plutôt qu'Excel, s'ils sont tous reliés par l'autoroute électronique, vous devrez vous y conformer. C'est aussi simple que cela à notre avis.

Une fois que vous aurez choisi votre marque de prédilection, il vous restera à choisir le modèle, les périphériques (imprimantes, modem... alouette) et les logiciels. Avant d'acheter, commencez par évaluer vos besoins.

La première chose à faire est d'établir la liste des tâches que vous demanderez à votre ordinateur d'accomplir ; par exemple, la comptabilité, les dessins artistiques, la composition musicale, le plan d'architecte, la mise en page et l'édition, la banque de données, l'interrogation de banques de données, etc. Il vous faut aussi définir le volume d'information que devra traiter votre ordinateur ; par exemple, une banque de données de 1 000 noms ou l'interrogation de la banque de données de Statistique Canada sur cédérom, la recherche fréquente dans les banques de données des bibliothèques canadiennes, la mise en pages et l'édition de plus de 500 pages avec dessins, plans de bâtisses de 1 000 à 100 000 pieds carrés, entre 50 et 150 transactions financières par mois, etc.

Ensuite, évaluez la qualité de l'impression dont vous aurez besoin. S'il s'agit d'imprimer des documents pour vous-même, une imprimante à jet d'encre sera suffisante ; mais si vous devez remettre des rapports écrits à des clients, une imprimante au laser améliorera la qualité de l'impression.

Ces renseignements vous permettront aussi de déterminer vos besoins en matière de lecteur de disquettes ou de cédéroms (disque compact), de modem (appareils de communication externe) et de logiciels généraux et de communication.

Une fois que l'utilisation et les besoins auront été définis, il vous reste à partir à la recherche d'un fournisseur, habituellement un détaillant en matériel informatique de la région. Tout en évitant le « tant qu'à y être », ne lésinez pas sur la qualité du matériel que vous achèterez ; épargner 50 $ sur un modem pour avoir l'équivalent de 150 $ de problèmes, ce n'est pas une « bonne affaires », non plus que d'acheter votre matériel à Montréal pour « épargner » 500 $ si vous demeurez à Val-d'Or.

Faites attention aux vendeurs trop pressants. Ce n'est pas parce qu'un modèle vient d'arriver sur le marché ou qu'il est en promotion qu'il conviendra à vos besoins. Si le vendeur ne vous demande pas vos besoins (utilisation, volume et qualité de sortie du papier) avant de vous proposer un appareil, méfiez-vous.

Finalement, comme pour tout autre fournisseur, informez-vous non seulement des prix mais aussi des garanties, des possibilités de formation, du soutien technique et du service après-vente et demandez des références sur la fiabilité du fournisseur.

Ces conseils s'appliquent aussi à l'achat de l'équipement de bureautique, notamment le système téléphonique, le photocopieur et le télécopieur. Et, encore ici, faites le bilan de vos besoins avant de partir à la chasse à l'équipement. Vous vous demandez si vous avez besoin de tous ces appareils ; probablement pas.

Au démarrage, un téléphone, un répondeur et un télécopieur sont généralement essentiels au fonctionnement de votre entreprise ; d'autant plus qu'actuellement il est possible d'avoir ces trois fonctions intégrées dans le même appareil pour aussi peu que 750 $.

> Il y avait toujours des erreurs dans les commandes de pièces que Jean passait au téléphone. Depuis qu'il s'est procuré un télécopieur, ces erreurs n'arrivent plus. La différence entre dire « je veux le modèle quatre-vingt-dix » et écrire « je veux le modèle 8010 » est maintenant plus évidente pour tout le monde...

En ce qui a trait au photocopieur, tout dépend encore ici de vos besoins. Si vous devez faire une copie par mois, votre télécopieur peut la faire en mode « copie ». Si vous devez en faire quelques milliers, c'est une autre histoire. Encore une fois, avant de partir à la recherche de soumissions pour l'un ou l'autre de ces appareils, faites la liste de vos besoins en tenant compte de la fréquence et du type d'utilisation que vous en ferez.

Cette réflexion s'applique aussi, à des degrés divers, à vos achats de mobilier de bureau, du classeur à la chaise en passant par le coffre-fort et la caisse enregistreuse, de même qu'aux fournitures, tels la colle, la papeterie ou tout autre produit ou service dont vous aurez besoin pour faire fonctionner votre entreprise.

### 4.3 J'ORGANISE MON ESPACE DE TRAVAIL

Que vous ayez décidé d'exploiter votre entreprise à partir de la maison ou avec pignon sur rue, vous devez organiser votre espace de travail afin qu'il soit confortable, agréable et fonctionnel. Il vous faut aussi choisir avec soin votre mobilier de bureau afin qu'il vous permette de travailler de façon ergonomique (confortable et efficace).

Avec l'augmentation du nombre de travailleurs autonomes, les fournisseurs de mobilier et d'équipement de bureau ont développé plusieurs produits s'adressant à cette clientèle. Plusieurs personnes se sont aussi lancées dans le secteur de l'aménagement de bureau à domicile avec leur expérience de designer d'intérieur ou comme fabricant de mobilier de bureau pour travailleurs autonomes. Pourquoi ne pas bénéficier de leurs conseils pour aménager votre propre espace de travail ? En voici quelques-uns :

- Choisir une pièce bien éclairée, mais attention aux reflets dans votre écran d'ordinateur.
- Choisir des meubles solides et esthétiques qui permettent beaucoup de rangement.
- Choisir des couleurs vivantes, tant pour le mobilier que pour les murs, qui vous stimuleront, sans vous « taper sur les nerfs ».
- Prévoir une place fonctionnelle et confortable pour recevoir vos clients.
- Prendre le soin de décorer votre espace de travail (plante verte ou affiches) tout en évitant les sujets ou couleurs qui pourraient nuire à votre concentration.
- Tenir compte de vos besoins particuliers, naturellement, et magasiner avant d'acheter.

Maintenant que vous avez trouvé ce qu'il vous faut pour faire fonctionner votre entreprise, vous devez installer ce matériel afin de bien travailler. Assurez-vous que cette installation suit une certaine logique, que les choses dont vous avez besoin le plus souvent soient faciles à atteindre et que celles que vous utilisez le moins souvent soient bien entreposées et protégées entre-temps.

Afin de ne pas vous transformer en déménageur à plein temps, sur une feuille de papier, à l'échelle, tracez le contour du local ou de la pièce dans laquelle vous travaillerez. N'oubliez pas de prévoir les fenêtres et les portes. Toujours à l'échelle, découpez, en formes réalistes, l'équipement, le matériel, le bureau, la table, la chaise, les étagères, etc., qui meubleront votre espace de travail. Amusez-vous à déplacer ces pièces sur le papier qui représente votre bureau, votre magasin, votre lieu de production ou votre entrepôt jusqu'à ce que vous ayez trouvé la combinaison gagnante.

N'oubliez pas non plus que vous devrez circuler entre ces meubles et appareils...

Quant à votre bureau ou votre table de travail, assurez-vous que la surface sera suffisante pour vos besoins, que les tiroirs et le téléphone seront faciles d'accès et que leur emplacement respectera vos petites habitudes (si vous êtes droitier ou gaucher, par exemple).

## 4.4 JE PLANIFIE LA GESTION DE MES DOCUMENTS

Vous allez avoir de la paperasse, c'est certain. Il faudra vous y retrouver, c'est encore plus certain. Comment vous y prendre ? C'est une question d'organisation.

La plupart des travailleurs autonomes ont à manipuler, à classer et à retrouver de l'information qui concerne :

- les clients (coordonnées, factures, dossiers en cours) ;
- les fournisseurs (coordonnées, factures) ;
- la paperasse gouvernementale (rapports de taxes, déclaration fiscale, immatriculation de l'entreprise, permis d'affaires, etc.) ;
- des renseignements concernant leur secteur d'activité (livres, revues, rapports, organismes, etc.) ;
- de l'information sur la situation financière de l'entreprise (relevés bancaires, contrats de prêts ou de marge de crédit, etc.) ;
- des livres et autres documents de soutien au travail (dictionnaire, manuel de références, etc.).

Deux systèmes qui ont fait leurs preuves sont le classement par ordre alphabétique et le classement par ordre chronologique. Pourquoi ne pas les adapter à votre propre situation et aux types d'information qu'il faut classer ?

En ce qui concerne les renseignements de nature financière et comptable, la meilleure façon de les classer est par ordre chronologique. Deux raisons principales expliquent ce choix. Premièrement, les chèques que vous ferez, de même que vos factures, doivent porter des numéros qui se suivent. Deuxièmement, à certaines reprises durant l'année, vous devrez faire des rapports mensuels ou trimestriels aux ministères du Revenu du Québec et du Canada, notamment les rapports de taxes, les rapports d'employeurs si vous êtes incorporé et les acomptes provisionnels d'impôts (nous reviendrons à ces sujets dans le chapitre 6).

Pour tous les autres renseignements, nous vous proposons un classement typologique et alphabétique. Les clients (type) sont classés par ordre alphabétique et, pour chaque client, il peut y avoir des sous-classements. Par exemple, un notaire classe sous votre nom (alphabétique) plusieurs sous-dossiers (contrat d'achat de maison, testament, contrat de mariage, etc.).

Les factures des fournisseurs sont classées avec l'information comptable. D'un autre côté, pour l'équipement ou les autres biens durables de même que les factures, les garanties et les manuels d'instruction qui les accompagnent, vous réserverez une section de votre classeur afin de pouvoir rapidement retrouver ces documents. Nous vous suggérons le même traitement pour la paperasse gouvernementale.

En ce qui concerne votre documentation sectorielle (livres de référence, revues, rapports, etc.), rien de mieux que de la classer par sujet et, si vous en avez beaucoup, construisez un index par sujet qui vous permettra de retrouver rapidement l'information, qu'elle se trouve dans un livre ou dans une revue.

## 4.5 EN RÉSUMÉ

- Travailler à partir de la maison est un choix économique, tant sur le plan de l'argent que du temps. Il faut cependant être très discipliné.
- Louer un local commercial ou pour bureau est une décision qui doit être mûrement réfléchie.
- Avant d'acheter votre équipement et votre mobilier de bureau, magasinez. Au préalable, évaluez vos besoins et assurez-vous d'avoir l'espace nécessaire pour placer le tout.
- Évitez le « tant qu'à y être » et le syndrome du « bureau au 14e étage » !
- Commencez dès maintenant votre gestion de la documentation en utilisant un système reconnu et qui respecte vos besoins particuliers.

*Avant d'aller plus loin*

**_Exercice 4 :_ Mon plan d'attaque**

- Où vous installerez-vous ? Pourquoi ?

- Quels sont vos besoins en informatique ?

| Tâches à accomplir ou utilisation | Volume d'information | Qualité de la sortie papier |
|---|---|---|
| Par exemple : traitement de texte | 300 pages par mois | Rapports à remettre aux clients (qualité élevée) |
| | | |
| | | |
| | | |
| | | |

- Quels sont vos besoins en bureautique ?

| Appareils | Tâches à accomplir | Fréquence d'utilisation | Utilité pour moi |
|---|---|---|---|
| | Par exemple : 20 pages par mois | Rare | Peu utile |
| Photocopieur | | | |
| Télécopieur | | | |
| Téléphone | | | |
| Répondeur | | | |

- Comment sera aménagé votre espace de travail ?

- De quelle façon allez-vous procéder au classement de votre paperasse ?

## Pour aller plus loin

Si votre projet est un commerce de détail, nous vous suggérons le volume d'Alain Samson, *J'ouvre mon commerce de détail*, dont nous avons déjà fait mention. Pour ceux qui désirent exploiter leur entreprise à la maison, voici une lecture qui fera le tour de la question :

VAN COILLIE-TREMBLAY, Brigitte et DUBUC, Yvan. *En affaires à la maison : le patron, c'est vous !*, collection Entreprendre, Les Éditions Transcontinental inc. et Fondation de l'Entrepreneurship, Montréal et Charlesbourg, 1994.

CHAPITRE 5

# Je fixe mon prix de vente

• • •

*Point d'argent, point de Suisse.*

RACINE, Les plaideurs

• • •

La détermination du prix de vente pour un produit ou un service est l'un des éléments essentiels au succès du travailleur. Un prix de vente juste et raisonnable vous permettra de payer vos dépenses et de vous verser un salaire. Il pourra aussi vous permettre de vous démarquer de votre concurrence et d'amasser des sommes d'argent pour assurer la croissance de votre entreprise.

Pour fixer votre prix de vente, qu'il s'agisse d'un service ou d'un produit, il faut tenir compte de trois critères, soit :

- ce qu'il vous en coûte ;
- les prix de la concurrence ;
- la valeur perçue par le marché cible ou le prix qu'il est prêt à payer pour l'obtenir.

> Pour ma clientèle, croyez-le ou non, je ne demandais pas assez cher pour mon service. Pour eux, pas cher veut dire pas bon. Il a fallu que je réajuste mes honoraires à la hausse... cela ne m'a pas fait de peine !

Comme la détermination du prix de vente est un élément essentiel à la rentabilité de votre travail autonome, nous discuterons abondamment de ce sujet en tenant compte de trois situations, soit le cas du commerce de détail, le cas des services et le cas des artisans. Nous discuterons aussi du cas des entreprises qui doivent faire des soumissions.

## 5.1 LE CAS DU COMMERCE DE DÉTAIL

Dans le commerce de détail, le prix de vente est unitaire et chaque produit est étiqueté ou codé. Ce prix est généralement déterminé par celui de la concurrence et par la marge de profit que le détaillant veut obtenir. Le prix peut aussi varier selon que l'on ajoute ou retire certaines caractéristiques au produit vendu par rapport à ce qu'offre la concurrence. Dans certains cas, vos fournisseurs de biens à revendre suggèrent un prix de vente. Celui-ci est même quelquefois déjà inscrit sur le produit. Cependant, pour vous démarquer de votre concurrence, vous pouvez offrir une réduction ou offrir des avantages supplémentaires comme la livraison ou, dans le secteur du vêtement, les retouches.

L'idée est ici de déterminer un prix de vente qui tiendra compte de vos besoins financiers et du prix que le client est prêt à payer, tout en tenant compte du prix demandé par la concurrence. Si la concurrence offre des avantages que vous ne pouvez pas offrir, vous pouvez demander un prix plus bas, même si celui-ci ne vous donne pas la marge de profit idéale, ou encore vous pouvez offrir d'autres types d'avantages. Assurez-vous cependant de ne pas vendre à perte. Le contraire est aussi vrai : si vous en donnez plus au client, vous pouvez demander un prix plus élevé. Tout dépendra de ce que vous offrez en contrepartie. Une étude de marché devrait vous permettre de déterminer le prix que le consommateur est prêt à payer pour les avantages que vous offrez.

Un dernier élément à observer dans la fixation du prix de vente est la prise en compte des réductions que vous consentirez à vos clients. N'oubliez pas que si vous prévoyez offrir des réductions de 20 % lors de soldes ou de promotions spéciales, souvenez-vous-en au moment de l'étiquetage de vos produits, sinon... il pourra vous arriver ce qui est arrivé à Jacinthe.

> Jacinthe est une fille très généreuse : dans sa boutique de vêtements pour enfants, elle « faisait » des prix très intéressants à ses clientes. Ainsi, un chandail qui lui coûtait 10,00 $ était marqué 15,00 $, soit une augmentation de 50 % (5 $ représentant 50 % de 10 $), pour un profit de 33,3 % (5 $ divisé par 15 $ pour 33,3 %).
>
> Au moins une fois par mois, elle payait les taxes pour ses clientes, soit une réduction de près de 13 %. Selon Jacinthe, il lui restait encore 37 % de profit (50 % - 13 %) !

Quand une cliente revenait souvent, elle offrait quelquefois une réduction additionnelle de 10 % et, comme cadeau, une paire de bas de coton pour enfant qui se vendait 3,50 $ et qui lui en coûtait 2,50 $.

Pour le même chandail, combien restait-il à Jacinthe après une vente comme celle-là ? Très peu. Il lui restait de la vente du chandail la somme de 9,25 $, soit 0,75 $ de moins que son coût (15,00 $ moins 13 % égale 13,05 $, moins 10 % égale 11,75 $ moins le coût des bas de 2,50 $, pour un total de 9,25 $.) Ne vous demandez pas pourquoi après deux ans de fonctionnement Jacinthe n'arrivait pas encore à se payer un salaire.

## 5.2 LE CAS DES SERVICES

Le cas des entreprises de services est un peu particulier. Dans certains secteurs, comme la santé, les tarifs sont établis par voie de réglementation. Ainsi, un examen ophtalmologique ou un traitement de physiothérapie coûte la même chose partout.

Dans le cas des services professionnels, on recourt généralement à un tarif horaire basé tant sur ce que demande la concurrence que sur l'expérience et la réputation du consultant. Dans certains cas, on demande plutôt une commission sur le résultat obtenu, par exemple la commission du courtier en assurances. Dans d'autres cas, on fixe un prix selon l'estimation du temps et du matériel requis pour effectuer le travail demandé, par exemple, une soumission d'un peintre en bâtiment ou d'un plombier.

Enfin, certaines professions sont régies par des corporations professionnelles. Si c'est votre cas, communiquez avec votre corporation afin d'obtenir des renseignements sur les tarifs en vigueur dans votre profession de même que sur les règles de déontologie qui s'appliquent au prix et à la publicité.

Le critère du coût plus une certaine marge de profit s'applique aussi dans les services où il y a production ou utilisation de machinerie, d'équipement, de produits ou de fournitures diverses, comme les traiteurs, l'aménagement paysager, la peinture, l'excavation, le déneigement, etc. Vous devez alors, dans un premier temps, déterminer le coût de prestation de votre service. Pour ce faire, vous tiendrez compte des éléments suivants :

- coût par unité produite ou coût horaire de la machinerie utilisée ;
- coût par unité produite ou coût horaire des ressources humaines utilisées (votre salaire) ;
- coût par unité produite ou coût horaire des produits ou fournitures utilisés ;
- autres coûts propres à votre service.

Ces coûts peuvent être déterminés selon une base horaire ou une base d'acte. Par exemple, combien en coûte-t-il pour préparer un « buffet santé » ? Pour déneiger une entrée ? Pour fertiliser un terrain de 100 m par 75 m ? Combien de temps cela prend-il pour évaluer une propriété ? Pour réparer une perçeuse électrique ? Pour rédiger et enregistrer un testament ? Pour écrire un programme informatique ?

Afin d'établir la marge de profit brute ou le montant horaire que vous ajouterez à vos coûts, vous devez tenir compte du fait que vous ne serez pas en « production » continue. Il y aura des temps morts ou des temps utilisés à d'autres fins que celles de la production. Il est irréaliste que vous puissiez facturer 40 heures par semaine, même si vous en travaillez 60. Le temps passé à chercher des clients, à faire votre comptabilité, à planifier votre publicité, à rencontrer des fournisseurs, etc., fait partie de votre 60 heures de travail par semaine mais, pendant ce temps, vous ne pouvez facturer personne ; tenez-en compte dans la fixation de votre tarif horaire ou à l'acte.

Dans le cas de plusieurs services, il existe un ratio informel qui dit que vous devez facturer à l'heure deux fois et demie le montant que vous gagneriez si vous étiez à salaire. Par exemple, en tant que conseiller en démarrage d'entreprise dans un service d'aide aux jeunes entrepreneurs, vous gagniez, disons 30 000 $ par année, soit environ 15,00 $ l'heure pour 40 heures par semaine. Si vous devenez travailleur autonome, vous devriez facturer en moyenne 37,50 $ l'heure afin de garder le même niveau de vie que précédemment. En effet, pour un revenu annuel variant entre 29 250 $ et 39 000 $, vous facturerez probablement entre 15 et 20 heures par semaine. Tenez compte que vous devrez assumer vous-même vos frais de déplacements et votre papeterie, un loyer commercial si vous n'êtes pas à la maison, etc. Même si ces dépenses sont déductibles de vos revenus dans votre déclaration fiscale, vous devez quand même les débourser.

Si vous connaissez bien votre secteur d'activité, l'exercice de fixation du prix ne devrait pas vous causer trop de problèmes, puisque vous en connaissez les us et les coutumes. Dans certains cas, il est primordial de faire un ou des « prototypes » de votre service, de calculer avec exactitude les quantités de produits requis, de même que le temps nécessaire pour rendre votre service. En plus de vous aider à calculer vos coûts et de vous assurer que ceux-ci ne dépassent pas le prix de vente que vous vous êtes fixé, vous vous serez entraîné à devenir meilleur !

## 5.3 LE CAS DES ARTISANS

Si vous envisagez de fabriquer un produit, il est essentiel de faire un prototype à l'étape de la fixation du prix de vente. En faisant un prototype, vous connaîtrez les quantités de matières premières requises, le temps potentiel de fabrication et la quantité de fournitures nécessaires. Ces renseignements vous permettront alors de déterminer le coût de fabrication de chaque unité, coût auquel vous ajouterez la marge de profit brute que vous désirez obtenir.

Quand vous fabriquez votre prototype, n'oubliez pas de tenir compte du fait que le prix que vous payez maintenant pour obtenir les matières premières sera plus élevé que celui que vous paierez lorsque vous serez en activité. Tout est une question de quantité.

Vous pourrez aussi, comme dans les autres secteurs, vous baser sur les prix demandés par la concurrence et sur la valeur perçue par le marché, et ce, que vous vous adressiez directement au consommateur ou à d'autres entreprises.

Comme mentionné précédemment, dans le cas des artisans, votre coût devra tenir compte des éléments suivants :

- coût par unité produite de la machinerie utilisée ;
- coût par unité produite des ressources humaines utilisées (votre salaire) ;
- coût par unité produite des matières premières et des fournitures utilisées ;
- autres coûts propres à votre produit.

Quoi qu'il en soit, ne vous basez jamais uniquement sur le prix de vente de la concurrence, car cela pourrait vous réserver des surprises. En effet, celle-ci peut avoir négocié avec ses fournisseurs des prix d'achat que vous ne pouvez rêver d'atteindre avant plusieurs années de bonnes relations avec eux, ou encore elle peut avoir très peu de frais fixes à payer, comme le loyer, cela lui permettant d'offrir des prix plus bas que vous ne pourriez le faire au démarrage de votre entreprise.

## 5.4 LE CAS DES SOUMISSIONS

Il est possible que vous ayez à répondre à des demandes de soumissions ou appels d'offres et ce pourrait même être l'élément déclencheur du démarrage de votre travail autonome. Dans ces situations, le prix détermine souvent le choix du soumissionnaire retenu, même si l'on ne s'engage à prendre ni le plus bas ni le plus haut des soumissionnaires. En effet, comme le veut l'expression populaire, trop c'est comme pas assez.

Notre expérience nous démontre que d'autres critères, tels la réputation du soumissionnaire, son expertise et le réalisme des échéanciers, sont également très importants dans le choix final. Le truc est de préparer votre soumission avec soin et professionnalisme.

N'hésitez pas à communiquer avec le demandeur pour éclaircir certains points. Sans demander à recevoir de l'information privilégiée, tentez de connaître les noms des autres soumissionnaires, le budget alloué au projet et les délais de réalisation souhaités. Vous pouvez même dire au demandeur que vous en êtes à votre première expérience de soumission (mais pas dans le secteur d'activité) et lui demander conseil.

### 5.4.1 Que doivent contenir vos soumissions ?

Dans plusieurs cas, les demandeurs exigent une présentation particulière des soumissionnaires, comme le font les municipalités ou les organismes gouvernementaux, entre autres. Dans d'autres cas, par exemple dans la rénovation résidentielle, la mécanique générale et l'ébénisterie, il existe des pratiques reconnues dans le secteur d'activité. Quoi qu'il en soit et de façon générale, une soumission ou offre de service doit contenir certains ou plusieurs des éléments suivants, selon la situation :

- une lettre de présentation qui résume l'offre de service et qui désigne la personne qui sera responsable du projet ;
- l'offre de service comme telle :
  - la page de titre ;
  - l'introduction ou le contexte dans lequel vous offrez vos services ;
  - des explications sur la façon dont vous entendez procéder et pourquoi ;
  - la description détaillée des actions à entreprendre et des objectifs à atteindre durant le mandat ;
  - le partage des responsabilités, le cas échéant (ce que vous aurez comme responsabilités et ce que vous attendez de votre client) ;

- un échéancier détaillé des actions et des tâches découlant du mandat ;
- la description détaillée de votre expérience et de votre expertise par rapport au projet ;
- la forme que prendra la livraison finale à la suite de votre mandat (rapport écrit, entrée de cour déneigée, meuble livré, etc.) ;
- le coût ou le prix de vente détaillé et les modalités de paiement ;

• des annexes, le cas échéant (information sur votre entreprise, votre curriculum vitae ou autres documents).

Cependant, vous devez éviter de :

• transmettre votre brochure ou votre dépliant sans l'accompagner d'une offre de service ou, au minimum, d'une lettre de présentation personnalisée ;

• de transmettre un ramassis de formules types, non personnalisées à votre entreprise ou à votre client ;

• d'offrir vos services pour un mandat pour lequel vous n'avez absolument pas les compétences (en voulant tenter votre chance).

À la fin de ce chapitre, nous vous présentons un exemple de soumission expédiée afin d'obtenir un contrat de formation. Inspirez-vous de cet exemple pour faire vos propres soumissions tout en gardant à l'esprit que les vôtres devront respecter les particularités de votre spécialité et de votre secteur d'activité.

N'oubliez pas non plus de porter une attention particulière à la présentation de votre document de soumission. Dactylographiez-le si la situation l'exige et faites la correction du français. Vous n'êtes pas obligé de produire un document onéreux, en couleur et sur papier parchemin, cependant vous devez projeter une image professionnelle. Nous reviendrons d'ailleurs sur le sujet de l'image professionnelle dans le chapitre portant sur la mise en marché.

Enfin, soyez réaliste dans vos évaluations et, surtout, ne soumissionnez pas un prix trop bas dans l'espoir d'obtenir le contrat. Si vous perdez de l'argent, vous ne resterez pas en affaires longtemps. Il vaut mieux ne pas obtenir le contrat que d'y perdre sa chemise.

## 5.5 EN RÉSUMÉ

- Pour fixer votre prix de vente, tenez-compte de vos coûts, du prix demandé par la concurrence et du prix que la clientèle est prête à payer pour obtenir votre produit ou votre service.
- Si vous décidez de vendre votre produit ou votre service plus cher que ceux de la concurrence, assurez-vous que les clients y trouveront un avantage qui justifiera ce prix plus élevé.
- Si vous désirez offrir des réductions ou des prix promotionnels, n'oubliez pas d'en tenir compte dans la fixation de votre prix de vente.
- Dans les services, établissez votre tarif horaire deux fois et demie plus élevé que le salaire horaire que vous gagneriez pour le même travail.
- Les artisans doivent fabriquer un prototype de leur produit afin de bien en déterminer le coût avant de fixer le prix de vente.
- Si vous devez faire une soumission, soyez réaliste dans votre évaluation du prix de vente. Portez aussi une attention particulière à la présentation de vos documents ; il vous faut projeter une image professionnelle.

**Exercice 5 : Je fixe mon prix de vente**

- Combien vous coûte la prestation de votre service, la fabrication ou la vente de vos produits ?

- Quels sont les prix demandés par la concurrence ?
- Quel est le prix que le marché cible est prêt à payer pour se procurer votre produit ou votre service ?
- Quel sera votre prix de vente ? S'il y a une différence entre le prix demandé par la concurrence, le prix que le marché cible est prêt à payer et le prix de vente que vous avez déterminé, êtes-vous en mesure de la justifier ?

## Pour aller plus loin

Nous n'avons trouvé aucun volume traitant uniquement du prix de vente. Cependant, tout bon livre de marketing se doit de traiter de ce sujet. En voici deux très pratiques et très faciles d'approche.

CARRIER, Serge. *Le marketing et la PME : l'option gagnante*, collection Entreprendre, Les Éditions Transcontinental inc. et Fondation de l'Entrepreneurship, Montréal et Charlesbourg, 1994.

SALLENAVE, Jean-Paul et D'ASTOUS, Alain. *Le marketing : de l'idée à l'action, 2e éd.*, Éditions Vermette inc., Boucherville, 1990.

# EXEMPLE D'UNE SOUMISSION

## 1. LETTRE DE PRÉSENTATION

Chicoutimi, le 31 mai 1997
Monsieur Paul Saint-Jacques, directeur
Groupe des jeunes entrepreneurs du Lac-Saint-Jean
4444, rue Racine
Chicoutimi (Québec) C9C 9C9

Sujet : Offre de service - atelier sur le démarrage d'entreprise

Monsieur,

À la suite de notre récente conversation téléphonique, j'ai le plaisir de vous transmettre une offre de service concernant le développement d'un atelier sur le démarrage d'entreprise pour le Groupe des jeunes entrepreneurs du Lac-Saint-Jean.

En résumé, l'atelier qui sera développé permettra à vos membres de se familiariser avec le démarrage d'entreprise, notamment le démarrage d'une entreprise de type travailleur autonome.

À la lecture de mon curriculum vitæ (en annexe), vous remarquerez que ma formation et mon expérience seront d'une grande utilité pour la réalisation de ce mandat. D'ailleurs, vous pouvez vérifier mes références auprès de clients pour lesquels j'ai réalisé des mandats semblables. Vous trouverez les coordonnées de ces clients de même que la nature des mandats réalisés en annexe à l'offre de service.

J'espère, Monsieur Saint-Jacques, que cette offre de service saura répondre à vos attentes. Quoi qu'il en soit, je demeure à votre entière disposition pour en discuter ou pour faire tout ajustement qui vous semblerait nécessaire.

Je vous prie d'agréer, Monsieur, l'expression de mes sentiments distingués.

Josée Ladouceur
Consultante en entrepreneuriat
199, rue Principale
Jonquière (Québec) G8G 8G8
Téléphone : (418) 444-2222

# 2. OFFRE DE SERVICE

## 2.1 Page de titre

Offre de service
Formation sur le travail autonome
Présentée à

Monsieur Paul Saint-Jacques, directeur
Groupe des jeunes entrepreneurs
du Lac-Saint-Jean

Par

Josée Ladouceur
Consultante en entrepreneuriat

Le 31 mai 1997

## 2.2 Introduction

Dans le présent document, vous trouverez une offre de service dont le but est de développer et de tester un atelier portant sur le démarrage d'entreprise, orienté vers les personnes désirant devenir travailleurs autonomes.

Les sujets couverts par le cours traiteront de l'idée d'entreprise jusqu'à la gestion de celle-ci, en passant par les études de marché, de faisabilité et de rentabilité de même que par la rédaction du plan d'affaires et la recherche de financement. Comme il s'agit d'un atelier de 6 heures, chacun des sujets sera traité brièvement et des références seront fournies aux participants afin qu'ils puissent poursuivre leurs démarches.

### 2.3 Déroulement sommaire

Le mandat se déroulera en quatre temps :

- le développement d'un prototype (contenu et documentation) pour l'atelier ;
- la validation du prototype auprès d'un groupe pilote composé de 15 personnes ;
- l'adaptation du matériel suivant les commentaires reçus ;
- la livraison finale du contenu et de la documentation nécessaire afin d'offrir l'atelier de façon régulière.

### 2.4 Objectifs et actions à entreprendre

Le premier objectif est de développer un prototype pour l'atelier. Pour atteindre cet objectif, les actions suivantes seront entreprises :

- dresser la liste des sujets à traiter durant l'atelier ;
- faire le recensement de la documentation et de la formation en démarrage d'entreprise offertes au Lac-Saint-Jean ;
- évaluer cette documentation selon les besoins particuliers de l'atelier à développer ;
- repérer et développer les sujets où la documentation est absente ;
- produire le prototype.

Le deuxième objectif est de tester le prototype avec un groupe de 15 personnes. Pour atteindre cet objectif, les actions suivantes seront entreprises :

- établir la date et l'endroit où aura lieu l'atelier, faire les démarches nécessaires pour réserver la salle, offrir le café et le repas du midi ;
- recruter les participants ;
- reproduire le prototype en quantité suffisante ;

- développer un questionnaire d'évaluation de l'atelier et de la documentation ;
- tenir l'atelier.

Le troisième objectif est d'adapter le matériel selon les commentaires reçus. Pour atteindre cet objectif, les actions suivantes seront entreprises :

- produire un rapport des commentaires d'évaluation reçus ;
- discuter de ce rapport avec la personne responsable au Groupe des jeunes entrepreneurs du Lac-Saint-Jean ;
- intégrer les modifications au matériel.

Le quatrième objectif est de livrer la version finale de l'atelier au Groupe des jeunes entrepreneurs du Lac-Saint-Jean. Pour réaliser cet objectif, les actions suivantes seront entreprises :

- faire la révision linguistique de la documentation ;
- faire la mise en page de la documentation ;
- préparer un déroulement final pour l'atelier ;
- enregistrer le droit d'auteur du document au nom du Groupe des jeunes entrepreneurs du Lac-Saint-Jean ;
- remettre au Groupe des jeunes entrepreneurs du Lac-Saint-Jean l'original de la documentation de l'atelier de même qu'une disquette comprenant cette documentation.

### 2.5 Partage des responsabilités

Certaines responsabilités seront partagées entre la consultante et le Groupe des jeunes entrepreneurs du Lac-Saint-Jean. L'ensemble du mandat sera sous la responsabilité de la consultante, à l'exception des éléments suivants qui seront sous la responsabilité du Groupe des jeunes entrepreneurs du Lac-Saint-Jean :

En ce qui concerne la validation du prototype :

- établir la date et l'endroit où aura lieu l'atelier, faire les démarches nécessaires pour réserver la salle, offrir le café et le repas du midi ;
- recruter les participants ;
- reproduire le prototype en quantité suffisante.

En ce qui concerne l'adaptation du matériel selon les commentaires reçus :

- discuter de ce rapport avec la consultante.

En ce qui concerne la livraison de la version finale de l'atelier :

- enregistrer le droit d'auteur du document au nom du Groupe des jeunes entrepreneurs du Lac-Saint-Jean.

### 2.6 Échéancier détaillé

Le mandat se déroulera sur une période de six mois à partir du moment où le Groupe des jeunes entrepreneurs du Lac-Saint-Jean donnera son approbation à la consultante. Pour les besoins de l'offre de service, nous présumons que le mandat débutera le ou vers le 1er septembre 1997 pour se terminer le 28 février 1998. Pour chacune des tâches, l'échéancier suivant sera respecté :

| ÉTAPES | ACTIONS | DATE FINALE |
|---|---|---|
| 1 | Déterminer les sujets à traiter durant l'atelier | 10 sept. 1997 |
| 2 | Recenser la documentation | 10 oct. 1997 |
| 3 | Évaluer cette documentation | 30 oct. 1997 |
| 4 | Repérer et développer les sujets nécessaires | 31 nov. 1997 |
| 5 | Produire le prototype | 15 déc. 1997 |
| 6 | Établir les coordonnées de l'atelier test | 31 déc. 1997 |
| 7 | Réserver les locaux et s'assurer de la logistique | 31 déc. 1997 |
| 8 | Recruter les participants | 15 janv. 1998 |

| | | |
|---|---|---|
| 9 | Reproduire le matériel en quantité suffisante | 15 janv. 1998 |
| 10 | Développer le questionnaire d'évaluation | 15 janv. 1998 |
| 11 | Tenir l'atelier | 20 janv. 1998 |
| 12 | Produire le rapport d'évaluation | 31 janv. 1998 |
| 13 | Discuter du rapport | 5 févr. 1998 |
| 14 | Intégrer les modifications au prototype | 20 févr. 1998 |
| 15 | Faire la révision linguistique | 25 févr. 1998 |
| 16 | Faire la mise en page du document final | 25 févr. 1998 |
| 17 | Préparer le déroulement final de l'atelier | 25 févr. 1998 |
| 19 | Enregistrer le droit d'auteur | 28 févr. 1998 |
| 20 | Livrer l'original et la disquette | 28 févr. 1998 |

### 2.7 Responsable du projet

Étant travailleuse autonome, je serai la personne responsable du dossier. Dans mon curriculum vitæ, vous trouverez tous les renseignements nécessaires afin de juger de mon expérience en formation et en démarrage d'entreprise. Vous trouverez aussi une liste de mes clients passés ou actuels auprès desquels vous pourrez vérifier mes références.

Des sous-traitants seront cependant requis pour la révision linguistique et la mise en page finale de la documentation. Je serai quand même responsable de ces deux étapes.

### 2.8 Biens livrables

Le 28 février 1998, les biens livrables sont la documentation et le déroulement proposé pour un atelier de sensibilisation de 6 heures portant sur le démarrage d'une entreprise de type travail autonome. L'original de la documentation ainsi qu'une disquette la contenant seront aussi remis au Groupe des jeunes entrepreneurs du Lac-Saint-Jean.

Il est entendu que tout le matériel livré appartiendra au Groupe des jeunes entrepreneurs du Lac-Saint-Jean. Cela n'exclut cependant pas la réalisation de mandats semblables par la consultante pour un autre organisme.

### 2.9 Coût et modalités de paiement

Le coût total du mandat, excluant les taxes de vente, est de 30 000 $, dont le détail se lit comme suit :

| | |
|---|---|
| Honoraires professionnels (recherche et rédaction) | |
| 550 heures à 50 $ | 27 500 $ |
| Frais de déplacements | 2 500 $ |
| Total avant taxes | 30 000 $ |
| TPS (honoraires professionnels) | 1 925 $ |
| TVQ (honoraires professionnels) | 1 913 $ |
| Total avec taxes | **31 338 $** |

Les honoraires professionnels seront versés de la façon suivante :

| | |
|---|---|
| 20 % à la signature du contrat | 5 500 $ |
| 40 % à la remise du prototype | 11 000 $ |
| 30 % à la remise du rapport d'évaluation de l'atelier | 8 250 $ |
| 10 % à la remise des biens livrables à la satisfaction du client | 2 750 $ |
| Total | **27 500 $** |

Les frais de déplacements seront ajoutés aux factures d'honoraires professionnels selon les frais réels engagés avec un maximum de 2 500 $.

Josée Ladouceur

Josée Ladouceur
Consultante en entrepreneuriat

Le 31 mai 1997

## 3. ANNEXES

*Curriculum vitæ* - Josée Ladouceur

* * *

Dans cette soumission, il y a peu d'annexes, cependant il aurait pu y avoir un exemple du travail déjà réalisé par madame Ladouceur. Dans d'autres cas, on aurait pu annexer des croquis ou des propositions de couleur (décoration), un plan préliminaire (architecte ou ingénieur) et bien d'autres choses encore.

Le cas échéant, madame Ladouceur aurait pu demander la permission d'avoir accès à un espace de travail et à l'équipement de bureautique du Groupe des jeunes entrepreneurs du Lac-Saint-Jean. Elle aurait pu également demander des paiements mensuels plutôt que des paiements par étape.

L'important dans vos offres de service ou vos soumissions, c'est de bien décrire ce que recevra le client, soit les biens livrables, et de vous assurer que ces derniers répondent bien à ses besoins... un client satisfait en attire d'autres.

CHAPITRE 6

# Questions de droit et de fiscalité

• • •

*Les lois sont des toiles d'araignées à travers lesquelles passent les grosses mouches et où restent les petites.*

H. DE BALZAC, La Maison Nucigen

• • •

Dans ce chapitre, nous discuterons de plusieurs questions juridiques fort importantes pour les travailleurs autonomes. Après vous avoir présenté les deux principales formes juridiques que choisissent les travailleurs autonomes, nous nous attarderons aux différences fiscales entre le statut de travailleur autonome et celui de salarié, en ce qui concerne l'impôt et les taxes, ainsi que la responsabilité d'employeur de l'entreprise incorporée. Mais avant tout, voyons l'immatriculation de la raison sociale de l'entreprise.

## 6.1 L'IMMATRICULATION DE LA RAISON SOCIALE DE L'ENTREPRISE

Pour respecter la loi, le travailleur autonome qui fonctionne sous un autre nom que le sien doit immatriculer la raison sociale de son entreprise, c'est-à-dire le nom sous lequel l'entreprise fera des affaires, auprès du protonotaire au palais de justice de la région où il exploite son entreprise. Ce dernier transmettra cette information au Bureau de la publicité des droits qui a la responsabilité de gérer la banque de données sur les raisons sociales utilisées par les entreprises québécoises afin que tous les citoyens puissent connaître le nom des entreprises et celui de leurs propriétaires.

Vous devez vous demander pourquoi nous ne parlons pas ici de « l'enregistrement ». Ce terme n'existe plus depuis l'entrée en vigueur du nouveau Code civil du Québec, le 1er janvier 1994. On parle maintenant d'immatriculation de la raison sociale plutôt que d'enregistrement. Ce qui était, dans le langage populaire, une entreprise enregistrée, est en fait une entreprise individuelle.

Cette immatriculation coûte une trentaine de dollars, renouvelable annuellement au même taux, et est obligatoire si l'entreprise porte un nom différent de celui du propriétaire. Si vous fonctionnez sous votre propre nom, il n'est donc pas obligatoire d'immatriculer la raison sociale de votre entreprise et de payer les frais d'immatriculation. Par exemple, ABCD Environnement est une raison sociale qui doit être immatriculée ; mais Jean Perron, consultant, n'est pas une raison sociale qui doit être immatriculée, puisqu'il s'agit du nom de la personne qui exerce les activités de l'entreprise. Au démarrage de l'entreprise, informez-vous au palais de justice le plus près de chez vous ou auprès de Communication-Québec afin d'obtenir les formulaires nécessaires.

## 6.2 ENTREPRISE INDIVIDUELLE OU INCORPORATION ?

Le choix d'une forme juridique appropriée à votre situation est fort important, puisqu'il aura une répercussion importante sur votre fiscalité. Ce choix dépend de votre statut professionnel et du degré de responsabilité que vous désirez conserver face à votre entreprise. Au Québec, il est possible de choisir entre plusieurs formes juridiques. Les plus utilisées par les travailleurs autonomes sont l'entreprise individuelle et la compagnie (incorporation).

Avant de prendre votre décision, discutez-en avec un conseiller juridique, de même qu'avec un comptable ou un fiscaliste. Ces professionnels sauront vous orienter dans votre décision et, même si leurs honoraires vous paraîtront élevés au premier abord, sachez que leurs conseils pourront vous faire épargner beaucoup d'argent.

> Luc avait préparé lui-même sa demande d'incorporation et avait payé les frais nécessaires, environ 500 $. Comme il était novice en ce domaine, sa demande n'était pas conforme à ses besoins. Par exemple, il était stipulé qu'il ne pourrait pas posséder d'actif au-delà d'un montant de 10 000 $. Déjà, l'équipement informatique qu'il comptait acheter coûtait 15 000 $. Johanne, une amie de Luc, est notaire. Elle a révisé la demande d'incorporation et a vu l'erreur. Elle a préparé une demande de modification qui a coûté 82 $ de frais, plus ses honoraires professionnels de

400 $. De plus, ceci a retardé le démarrage de l'entreprise. Si Luc lui avait demandé conseil au début, il s'en serait probablement tiré pour quelque 750 $ incluant les honoraires professionnels, une économie de 232 $ et de nombreux maux de tête.

### 6.2.1 L'ENTREPRISE INDIVIDUELLE : UNE SOLUTION SIMPLE

L'entreprise individuelle est celle où une seule personne, généralement un travailleur autonome, exploite et gère une entreprise. Dans le langage populaire, on utilise aussi le terme de travailleur indépendant et, il y a encore quelques années, on parlait d'entreprise enregistrée. Dans cette forme juridique, l'entreprise et l'individu qui la gère sont indissociables légalement et fiscalement.

Le travailleur autonome est responsable des dettes et des actes qu'il pose dans l'exercice de son entreprise. Ainsi, si l'entreprise individuelle ne paie pas ses dettes, son propriétaire doit les assumer. En cas de faillite, par exemple, les créanciers peuvent se rembourser à même les biens personnels du travailleur autonome si les biens de l'entreprise sont insuffisants pour couvrir la dette.

Le propriétaire d'une entreprise individuelle (travailleur autonome) paie l'impôt et les cotisations au Régime des rentes du Québec et au Fonds des services de santé du Québec sur les revenus nets de son entreprise, c'est-à-dire sur les ventes moins les dépenses admissibles. Ce revenu net représente la rémunération du travailleur autonome, qu'il ait retiré un montant équivalent de l'entreprise ou non. Le taux d'imposition est alors celui applicable aux contribuables selon sa situation personnelle. Dans le cas où l'entreprise subit des pertes, celles-ci peuvent être déduites des revenus d'autres sources du travailleur autonome.

Enfin, si le travailleur autonome en entreprise individuelle pose un acte qui amène un client à le poursuivre en cour pour faute professionnelle, il est personnellement mis en cause et non son entreprise.

### 6.2.2 LA COMPAGNIE : UNE SOLUTION PLUS COMPLEXE

Pour s'incorporer et fonder une compagnie, on peut être seul ou être associé à d'autres personnes. Ces autres personnes, le cas échéant, sont nommées actionnaires et possèdent un pourcentage des actions, en fonction de leur apport dans l'entreprise. Le travailleur autonome incorporé est généralement le seul actionnaire de son entreprise.

L'entreprise incorporée paie ses propres impôts selon le taux d'imposition des petites entreprises. Le propriétaire paie les impôts, les cotisations au Régime des rentes et au Fonds des services de santé du Québec sur les sommes qu'il a retirées de l'entreprise sous forme de salaire. Si l'entreprise fait des pertes, c'est celle-ci qui les accumule afin de les déduire de ses revenus futurs ou passés.

En ce qui a trait à la responsabilité de l'actionnaire, la loi prévoit qu'il n'est responsable des dettes de l'entreprise que pour le montant qu'il y a déjà investi. En d'autres mots, en cas de faillite, les créanciers doivent se limiter aux biens de l'entreprise afin de se rembourser. Ils n'ont théoriquement pas le droit de toucher aux biens de l'actionnaire. En pratique, les créanciers ou les prêteurs demandent à l'actionnaire d'une nouvelle entreprise d'endosser personnellement les dettes de l'entreprise.

C'est une pratique généralisée, normale et bien compréhensible. En effet, les créanciers et les prêteurs veulent se protéger contre l'inexpérience des nouveaux travailleurs autonomes. En cas de faillite de l'entreprise incorporée, ils pourront alors se faire rembourser par l'actionnaire. Après quelques années et avec un excellent dossier de crédit pour l'entreprise, cet endossement pourra être annulé.

Incorporer une entreprise coûte environ 500 $ si le ou les actionnaires préparent eux-mêmes la demande. En se prévalant des services d'un notaire ou d'un avocat, il faut ajouter les honoraires professionnels à ce montant. De plus, l'entreprise incorporée doit produire un rapport annuel afin d'aviser le gouvernement de tout changement au sein des actionnaires et des dirigeants. Ce rapport annuel exige des débours d'environ 100 $. Enfin, l'entreprise incorporée doit aussi immatriculer la raison sociale de son entreprise.

Notez que vous pouvez démarrer votre entreprise comme entreprise individuelle et, par la suite, changer pour l'incorporation. Plusieurs travailleurs autonomes agissent de cette façon afin de limiter les coûts légaux au démarrage et, plus tard, de bénéficier de certains avantages fiscaux reliés à l'incorporation.

Enfin, la loi interdit à plusieurs types de professionnels, notamment les professionnels de la santé, les ingénieurs, les architectes, les avocats et les notaires, de s'incorporer pour poser des actes professionnels. Comme nous l'avons vu précédemment, l'incorporation protège, en théorie, les actionnaires des recours faits contre la compagnie. Ainsi, si le professionnel pose un acte répréhensible ou commet une faute professionnelle grave, il ne pourra pas se cacher derrière son incorporation. Ils ont cependant le droit de s'incorporer pour la gestion de leur entreprise, soit la location d'un bureau ou l'achat de l'équipement, etc.

## 6.3 TRAVAILLEUR AUTONOME OU SALARIÉ ?

La distinction entre travailleur autonome et salarié est très importante pour le traitement fiscal de vos revenus et dépenses. Ainsi, le travailleur autonome, qu'il ait choisi l'entreprise individuelle ou l'incorporation, peut déduire de ses revenus des dépenses telles que l'achat des fournitures de bureau ou les dépenses de l'automobile qu'il utilise pour ses déplacements auprès des clients. Le salarié, quant à lui, ne peut déduire ses frais de son salaire. Dans le doute sur votre statut, discutez-en avec un comptable ou un fiscaliste.

Il n'est pas toujours facile de déterminer si l'on agit à titre de salarié ou à titre de travailleur autonome. Quelquefois, le travailleur autonome se voit rémunéré à salaire pour un contrat, alors qu'en d'autres occasions il est payé selon des honoraires professionnels. Afin d'aider les employeurs et les travailleurs autonomes à bien cerner la différence entre les deux, les gouvernements ont édicté certaines règles. En voici un résumé tiré d'une publication gouvernementale[8].

Premièrement, le travailleur autonome, contrairement au salarié, n'entretient pas de relations de subordination avec son client. Ainsi, le travailleur autonome n'a pas de supérieur immédiat dans l'entreprise, il a un client qui lui fixe des objectifs à atteindre ou lui donne un mandat précis. Le client n'a pas à intervenir sur la façon de réaliser ce mandat ou d'atteindre cet objectif, contrairement à ce qui se passe dans une relation de subordination avec un employé. Il ne peut non plus imposer au travailleur autonome un horaire de travail ou des activités de perfectionnement.

Deuxièmement, le travailleur autonome, contrairement au salarié, fournit habituellement ses propres outils, équipement et lieu de travail. Nous disons généralement puisque, dans certains cas, le travailleur autonome peut avoir à travailler chez le client pour réaliser son mandat.

Troisièmement, même s'il est parfois rémunéré à salaire, par exemple lors d'une charge de cours au cégep ou à l'université, le travailleur autonome ne bénéficie généralement pas des avantages sociaux fournis par l'entreprise cliente, par exemple les vacances annuelles, l'assurance collective ou le régime de retraite. En fait, le travailleur autonome doit lui-même planifier sa retraite et contribuer, sur une base individuelle et volontaire, à un programme d'assurance-maladie ou d'assurance-salaire.

Quatrièmement, le travailleur autonome conserve les revenus directs de son travail et, de la même façon, assume les pertes reliées à l'exercice de son travail. Un salarié n'est pas tenu d'assumer les pertes de

---

8. *Nouvelles fiscales*, quatrième trimestre de 1995 et Bulletin d'interprétation RRQ.1-1/R1 *Statut d'un travailleur autonome*, publications du ministère du Revenu du Québec.

l'entreprise qui l'emploie. Que l'employeur fasse des pertes ou des profits, le salarié doit recevoir sa rémunération.

Cinquièmement, le travailleur autonome paie ses propres impôts et doit payer, à même ses revenus, les cotisations aux régimes gouvernementaux tels la Régie des rentes et le Fonds des services de santé du Québec. Enfin, contrairement au salarié, le travailleur autonome n'est pas admissible aux prestations d'assurance-emploi.

### 6.4 DOIS-JE M'INSCRIRE À LA TPS ET À LA TVQ ?

Si vous prévoyez un chiffre d'affaires (honoraires et ventes) de moins de 30 000 $ par année, vous n'êtes pas obligé de vous inscrire à la TPS et à la TVQ, mais vous pouvez cependant le faire. Vous êtes tenu de vous inscrire dès le moment où votre entreprise fait un chiffre d'affaires de 30 000 $ et plus par année. Une bonne raison de s'inscrire, peu importe votre chiffre d'affaires, est que cela augmente la crédibilité de votre entreprise. En effet, si vous n'êtes pas incrit, cela veut dire que vous ne vendez pas 30 000 $ par année.

L'avantage de ne pas être inscrit est d'avoir au moins un rapport trimestriel de moins à faire. Par contre, si vous n'êtes pas inscrit, vous ne pourrez pas récupérer rapidement les taxes que vous aurez vous-même payées sur les achats de biens et d'équipement servant au démarrage de votre entreprise. Les taxes seront alors incluses au coût d'achat et amorties sur plusieurs années.

Si vous n'êtes pas inscrit, les taxes que vous paierez sur les produits et les services que vous consommerez pour votre entreprise seront tout de même déductibles de vos revenus lors de votre déclaration de revenus, puisqu'elles seront incluses dans le montant des dépenses.

Pour vous inscrire, rien de plus simple. Présentez-vous au bureau de Revenu Québec de votre région et on vous inscrira à la fois à la TPS et à la TVQ. On pourra même vous donner vos numéros de taxes immédiatement de façon verbale. Vous recevrez par la suite une confirmation écrite. Vous pouvez aussi vous inscrire par téléphone et recevoir par la poste la documentation nécessaire à votre inscription.

### 6.5 ET LES IMPÔTS DANS TOUT CELA ?

Payer des impôts et des taxes fait partie des réalités que nous avons à vivre. Ainsi, les gains que l'on peut retirer du travail autonome font l'objet de cotisations fiscales. Le montant d'impôt à payer dépend de la forme juridique de l'entreprise et du montant de revenu net en cause.

Il faut mettre de l'argent de côté pour payer ses impôts à la fin de l'année. Comme la fourmi de La Fontaine, il faut être prévoyant. Mais combien devez-vous mettre de côté ?

Si vous choisissez l'incorporation, le taux combiné pour l'impôt provincial et l'impôt fédéral sera d'environ 19 % du revenu net (après dépenses). Ainsi, si le revenu net prévu pour votre entreprise lors de la première année de fonctionnement est de 10 000 $, celle-ci devra payer 1 900 $ d'impôt.

Pour les nouvelles entreprises qui choisissent l'incorporation, le gouvernement provincial offre une exonération d'impôt de trois ans. Cette exonération ne s'applique pas si un travailleur autonome fonctionnant en entreprise individuelle décide de poursuivre ses activités en changeant la forme juridique de son entreprise pour l'incorporation. Afin de bénéficier de cette exonération, il faut en demander la permission au ministère du Revenu du Québec ; informez-vous auprès de votre comptable.

Par la suite, si le montant d'impôt que votre entreprise aura payé durant son dernier exercice financier est supérieur à 2 000 $, celle-ci devra verser des acomptes provisionnels auprès du ministère du Revenu du Québec et du Receveur général du Canada. Le montant à verser tous les trois mois sera établi selon l'historique d'imposition de l'entreprise. Le versement de ces acomptes provisionnels s'applique aussi à l'entreprise individuelle.

Dans ces deux derniers cas, le montant d'impôt à payer par le propriétaire de l'entreprise non incorporée sera basé sur le taux des particuliers. Afin de déterminer ce taux, vous pouvez vous informer auprès de votre comptable. Vous pouvez aussi demander au ministère du Revenu et au Receveur général du Canada de vous fournir ces taux ou vous rapporter aux tables d'impôt qui accompagnent toujours vos déclarations annuelles.

## 6.6 MON ENTREPRISE EST INCORPORÉE, JE SUIS EMPLOYEUR

L'entreprise individuelle permet aux propriétaires de faire des prélèvements[9] alors que l'entreprise incorporée paie un salaire au travailleur autonome propriétaire. Si vous choisissez l'incorporation, vous devez donc vous inscrire comme employeur auprès des ministères du Revenu du Québec et du Canada. Pour vous inscrire, rendez-vous aux bureaux régionaux des ministères concernés qui vous remettront tout ce qu'il vous faut.

Ce faisant, vous recevrez toute la documentation vous permettant de calculer les retenus d'impôt du Canada et du Québec, de Régie des rentes du Québec (R.R.Q.) et du Fonds des services de santé (F.S.S.). Tous les 15 du mois suivant celui où vous vous êtes versé un salaire, vous aurez à envoyer aux deux ordres de gouvernement les sommes que vous avez retenues sur votre salaire plus votre part de l'employeur.

---

9. Un prélèvement représente les sommes que le propriétaire de l'entreprise individuelle retire de son entreprise pour subvenir à ses besoins financiers personnels. Contrairement au salaire, le travailleur autonome ne retient pas d'impôts, non plus que ses cotisations au R.R.Q. et au F.S.S. sur ses prélèvements. À la fin de l'année financière, il doit cependant transmettre ces sommes aux gouvernements lorsqu'il fait sa déclaration de revenus. Comme nous l'avons dit, les années suivantes, il le fera lors du versement de ses acomptes provisionnels.

## 6.7 EN RÉSUMÉ

- Le travailleur doit immatriculer la raison sociale de son entreprise s'il ne fonctionne pas sous son propre nom.
- Les deux formes juridiques privilégiées par les travailleurs autonomes sont l'entreprise individuelle et l'incorporation. Le choix entre ses deux formes juridiques de l'entreprise relève de facteurs tels que la complexité relative de l'incorporation par rapport à l'entreprise individuelle, le coût de chacune et leur portée fiscale.
- Le travailleur autonome doit être très attentif à son statut par rapport à celui du salarié. Le traitement de ses dépenses d'entreprise en dépend.
- On a l'obligation de s'inscrire à la TPS et à la TVQ si l'on fait un chiffre d'affaires supérieur à 30 000 $ par année. Être inscrit peut laisser supposer que notre chiffre d'affaires dépasse ce montant !
- Si le travailleur autonome fait de l'argent... il doit payer des impôts. Mettez-vous de l'argent de côté pour ce faire.
- L'entreprise incorporée paie un salaire à son propriétaire, elle doit alors s'enregistrer comme employeur auprès de Revenu Québec et de Revenu Canada.

*Avant d'aller plus loin*

### *Exercice 6 :* Faire le choix entre l'entreprise individuelle et l'incorporation

Voilà une décision importante ! Comme nous l'avons dit précédemment, vous pouvez débuter sous la forme de l'entreprise individuelle pour plus tard vous incorporer, généralement lorsque votre entreprise enregistre des revenus nets de plus de 50 000 $ par année. Avec un revenu net de 50 000 $, pour une personne célibataire vivant seule, le taux combiné d'imposition est d'environ 34 %. Il devient alors avantageux de répartir l'impôt à payer entre une entreprise incorporée (19 %) et votre salaire versé par l'entreprise.

Pour l'instant, vous devez choisir entre les deux formes juridiques. En vous basant sur le résumé des principaux avantages et inconvénients de l'entreprise individuelle et de l'incorporation et sur ce que vous venez de lire, vous pouvez réfléchir à votre choix. Avant d'entreprendre des démarches officielles, discutez-en avec votre conseiller juridique, avec votre parrain ou votre marraine ou avec un membre de votre réseau d'affaires.

Les principaux avantages de l'entreprise individuelle sont la simplicité et l'économie alors que son principal désavantage est la responsabilité totale du propriétaire.

Les principaux avantages de l'incorporation sont la responsabilité limitée du propriétaire et, dans certains cas, une augmentation de la crédibilité du travailleur autonome ; ses principaux désavantages sont la complexité et le coût.

- Quel est votre choix ? Pourquoi ?

Si vous voulez parfaire vos connaissances sur les questions juridiques entourant l'entreprise, voici deux livres qui devraient vous aider. Le premier, celui de Michel A. Solis, traite de plusieurs sujets d'intérêt pour l'entreprise en plus des formes juridiques. Le deuxième, une publication du gouvernement du Québec, approfondit toutes les caractéristiques des formes juridiques possibles pour l'entreprise. Le troisième document présenté résume les principales questions fiscales relatives aux entreprises et aux individus*.

* Enfin, si vous désirez obtenir certains bulletins d'interprétation de la Loi de l'impôt émis par le ministère du Revenu du Québec, communiquez avec les Publications du Québec au 1 800 463-2100 pour les gens de l'extérieur de Québec ou au (418) 643-510 pour les gens de la région de Québec. Prenez note que les bulletins d'interprétation sont vendus et que le coût varie selon le nombre de pages.

SOLIS, Michel. *Votre PME et le droit : enr. ou inc. ?, raison sociale, marques de commerce... et le nouveau Code civil, 2e éd.*, collection Entreprendre, Les Éditions Transcontinental inc. et Fondation de l'Entrepreneurship, Montréal et Charlesbourg, 1994.

GOUVERNEMENT DU QUÉBEC. *Les principales formes juridiques de l'entreprise au Québec, 2e éd. revue et corrigée*, Les Publications du Québec, Québec, 1994.

GOUVERNEMENT DU QUÉBEC. *Point de mire : la fiscalité 1996-1997*, direction des communications, ministère de l'Industrie, du Commerce, de la Science et de la Technologie, Québec, 1996*.

* Pour obtenir plus de renseignements ou pour obtenir une copie de ce document, communiquez avec la Direction générale des investissements du MICST au (514) 982-3013.

CHAPITRE 7

# Financer mon projet

• • •

*C'est par l'atelier qu'il faut financer une entreprise industrielle, non par la banque... Pour moi, une banque est surtout un établissement sûr et commode pour tenir son argent en réserve, mais je trouve mieux que le banquier me serve des intérêts que de lui en servir moi-même.*

HENRY FORD, Ma vie et mon œuvre

• • •

Afin de financer votre projet de travail autonome, vous pouvez puiser à plusieurs sources, la première étant naturellement votre mise de fonds personnelle, en argent ou en transferts de biens ou d'actif. Ensuite, vous pouvez avoir recours à la famille ou aux amis qui peuvent vous avancer quelque argent. Enfin, vous pouvez contracter un prêt dans un établissement financier, demander à vos clients de vous faire des avances et, si votre situation le permet, obtenir de l'aide financière gouvernementale.

Si vous comptez sur vos fournisseurs pour vous faire crédit, soyez réaliste. Il est peu probable que ceux-ci acceptent de prendre un risque avec une nouvelle entreprise. Après quelque temps, vos fournisseurs vous feront crédit si vous avez toujours respecté vos délais de paiement.

## 7.1 LE FINANCEMENT CONVENTIONNEL, UNE LOGIQUE TRADITIONNELLE

Si les sommes provenant de votre mise de fonds et de prêts faits par votre famille ou vos amis ne suffisent pas, vous pouvez avoir recours au financement conventionnel, à savoir les emprunts dans un établissement financier. Ces emprunts peuvent vous permettre de financer vos opérations courantes par le biais d'une marge de crédit, l'achat d'équipement ou d'outillage par le biais d'hypothèque mobilière à court ou moyen terme (2 à 5 ans) ou l'achat d'une bâtisse par le moyen d'une hypothèque immobilière à long terme (plus de 5 ans).

La durée de remboursement de votre emprunt dépend en grande partie de la durée de vie du bien que vous achetez avec votre emprunt. Il est logique que le financement d'une bâtisse se fasse par un prêt échelonné sur 20 ans et que celui d'un mobilier de bureau ne s'étende que sur 3 ou 4 ans.

Évitez à tout prix de financer des biens durables avec votre marge de crédit. Si vous avez besoin de renouveler votre équipement informatique, empruntez à terme. Premièrement, parce que les taux d'intérêt sur les emprunts à terme sont moins élevés que ceux sur la marge de crédit. Ensuite, parce qu'il n'est pas prudent de « vider » son compte de banque pour payer quelque chose qui se finance habituellement très bien. De plus, votre marge de crédit ne doit servir qu'à renflouer votre compte afin de parer à vos dépenses de fonctionnement tels le loyer, les achats de produits à revendre ou le téléphone sans lesquels vous ne pourrez faire vos activités.

En ce qui concerne le taux d'intérêt et les garanties que vous demandera votre établissement financier, tout dépendra du risque que vous représentez pour elle. Attendez-vous à ce qu'on vous impose un taux d'intérêt supérieur au taux de base et des garanties personnelles en plus des garanties offertes par les biens que vous voulez financer. N'oubliez pas que vous êtes en démarrage et que vous devez faire vos preuves avant de devenir un « bon risque » pour un établissement financier. Remarquez que cela ne vous empêche pas de négocier.

Si vous ne représentez pas un bon risque pour les institutions financières, vous pouvez faire appel à un ou des associés éventuels afin de compléter le financement de votre projet. Ces associés pourraient aussi combler certaines petites lacunes techniques ou de gestion que vous pourriez avoir.

Enfin, mentionnons que la majorité des institutions financières ont maintenant des programmes de prêts qui s'adressent aux travailleurs autonomes et qui tiennent compte de leur situation particulière. Informez-vous auprès de la personne responsable du crédit commercial de votre établissement financier.

## 7.2 LES SUBVENTIONS ET LES GARANTIES DE PRÊTS, UN MONDE À CONNAÎTRE

Quoi ? Les subventions ! Bien certainement, il existe encore quelques subventions gouvernementales mais... elles ne s'appliquent assez souvent qu'aux entreprises manufacturières ou du secteur tertiaire moteur (service d'ingénierie spécialisée ou d'informatique avancée) qui créent au moins trois emplois. Des exceptions existent cependant, comme les programmes Soutien à l'emploi autonome de la Société québécoise de développement de la main-d'œuvre et Aide aux travailleurs indépendants de la Direction des ressources humaines du Canada qui s'adressent aux prestataires de la sécurité du revenu ou de l'assurance-emploi qui veulent devenir travailleurs autonomes. Prenez la peine de vous informer auprès de ces deux organismes, on ne sait jamais !

À noter qu'il existe quelque 150 programmes d'aide financière et surtout technique à l'échelle provinciale seulement. N'hésitez pas à communiquer avec le responsable de votre corporation de développement économique ou du service d'aide aux jeunes entrepreneurs qui connaît bien ces programmes gouvernementaux afin de savoir si vous êtes admissible à l'un d'eux.

Notez que les gouvernements, actuellement, offrent des garanties de prêts plutôt que des subventions aux entrepreneurs et aux travailleurs autonomes. Ces garanties de prêts (ou endossement gouvernemental) sont généralement administrées par les établissements financiers. La personne responsable du crédit pourra vous donner toute l'information sur ces programmes, dont le Prêt aux petites entreprises du gouvernement canadien.

## 7.3 LES CLIENTS, DES SOURCES DE FINANCEMENT MÉCONNUES

Dans le secteur des services ou de la fabrication, une source peu commune de financement est à votre disposition : vos clients. En effet, ceux-ci peuvent payer des avances sur vos produits ou sur les services qui seront livrés à une date ultérieure. Vous croyez que c'est impossible ou que c'est effronté de le demander ? Détrompez-vous ! Cela est pratique courante dans plusieurs domaines.

*Dans les services :* quand vous négociez un contrat, après avoir estimé le temps qu'il vous faudra pour réaliser le mandat, demandez que les versements soient échelonnés de façon mensuelle et qu'ils comprennent une avance. Celle-ci doit vous permettre d'assumer vos coûts pour réaliser le contrat (votre rémunération minimale pour le premier mois incluse). Le client se protégera aussi dans un tel contrat en retenant un certain pourcentage qu'il paiera habituellement 30 jours après la fin du contrat, si tout est satisfaisant.

Même si le temps requis pour réaliser le contrat est inférieur à un mois, demandez quand même une avance variant entre 20 % et 40 % du contrat total. Dites à votre client que c'est là une politique de l'entreprise (ça fait sérieux). S'il refuse de payer cette avance, c'est probablement un excellent négociateur ou un mauvais payeur. Dans ce dernier cas, méfiez-vous et, comme dans le cas des soumissions, il vaut mieux refuser un contrat que de le faire et de ne pas être payé.

*Dans la fabrication :* demandez à vos clients un dépôt qui couvre au moins le coût du matériel que vous aurez à acheter (bois pour un ébéniste, peinture pour un peintre, nourriture pour un traiteur, etc.). Mentionnez à votre client que le solde sera payable à la livraison. Comme dans le cas des services, méfiez-vous de ceux qui ne veulent pas verser ce dépôt.

## 7.4 ENTRETENIR DE BONNES RELATIONS AVEC LES PARTENAIRES FINANCIERS

Il faut savoir que vos relations avec vos partenaires financiers doivent être basées sur la confiance. Avec votre établissement financier, n'oubliez jamais que vous allez lui offrir votre clientèle et non lui quémander de l'argent. Si votre projet est bon, qu'il existe un marché, que vous possédez les compétences et que vous êtes à même de faire les remboursements du prêt que vous demandez, l'établissement financier n'a aucune raison de vous refuser le financement.

Si vous n'êtes pas en mesure de répondre à ces questions ou si votre projet ne respecte pas ces trois conditions, la personne responsable du crédit pourra vous demander des renseignements supplémentaires afin de changer ou de confirmer son jugement, et elle pourra même exiger que quelqu'un se porte garant de vous avant de vous accorder un prêt.

Si vous n'êtes pas en mesure de répondre à ces questions, il est fort probable que vous n'ayez pas encore fait tous vos devoirs, c'est-à-dire bien évaluer le marché et la faisabilité de votre projet (chapitre 3) et préparer un plan d'affaires (le prochain chapitre).

## 7.5 EN RÉSUMÉ

- Si vous avez besoin de financement pour lancer votre projet de travail autonome, commencez par chercher auprès des institutions financières. Ensuite, si vous êtes admissible à un programme d'aide gouvernementale, complétez votre financement avec celle-ci.
- Ne vous fiez pas aux subventions, elles sont très rares.
- N'oubliez pas de demander des dépôts à vos clients.
- Traitez votre banquier aux petits oignons, il vous le rendra bien.

*Avant d'aller plus loin*

## *Exercice 7 :* Les sources de financement

Si vous avez besoin de financement pour votre projet, vous devez trouver les sources auxquelles vous allez puiser. Dans le prochain chapitre, nous parlerons du plan d'affaires dont vous aurez besoin pour demander du financement. Pour l'instant, si cela vous est nécessaire, répondez aux questions suivantes :

- À quelles sources de financement vais-je puiser ?
- Quelles sont les garanties que je peux donner en contrepartie de ce financement ?

## Pour aller plus loin

Les banques à charte et les caisses populaires mettent gratuitement à la disposition de leurs clients actuels et éventuels plusieurs guides pratiques traitant de financement d'entreprise et des divers modes de financement qu'elles offrent. Informez-vous auprès de votre établissement financier.

CHAPITRE 8

# Mon plan d'affaires

• • •

*L'art d'être tantôt très audacieux et tantôt très prudent est l'art de réussir.*

NAPOLÉON Ier

• • •

Pour certaines personnes, se lancer en affaires ou devenir travailleur autonome est une démarche mûrie depuis la tendre jeunesse. Pour d'autres, il s'agit d'une occasion qui s'est présentée. Devenir travailleur autonome exige une préparation minutieuse et, comme toute activité humaine réussie, se lancer en affaires demande une certaine préparation. En affaires, cette préparation prend la forme tangible d'un plan d'affaires.

Mais qu'est-ce qu'un plan d'affaires, pour qui, pourquoi et comment préparer un tel plan ? C'est à ces quatre questions que veut répondre brièvement ce chapitre. Mais avant, voyons quelques conseils qui vous permettront d'éviter certaines erreurs dont les suivantes :

• Surestimer (ou sous-estimer) ses capacités.

> Lorsque l'on élabore un projet d'affaires, on a tendance à se dire qu'on sera le meilleur. Il faut avoir confiance en soi, mais il ne faut pas se prendre pour un autre et surestimer ses capacités. Le contraire est aussi vrai !

• Se lancer sans en évaluer les conséquences.

> Je connaissais la plomberie et je croyais que cela suffisait. Hum ! non. J'avais peu planifié mon démarrage et je me suis lancé à corps perdu. C'est mon banquier qui m'a arrêté en mettant des conditions au prêt pour l'achat de ma camionnette. Il n'a pas dit non, mais il m'a réveillé... J'ai finalement fait un plan d'affaires .

• Faire preuve d'orgueil mal placé ; par rapport à notre projet, notre réflexion personnelle et la critique des autres sont nécessaires. Il faut fuir les gens complaisants.

> C'est un peu gênant de parler de son projet d'affaires aux autres. J'étais fier et obstiné, j'avais peur de la critique. Vaut mieux se faire critiquer sur le papier que de commettre des erreurs lorsqu'on est démarré. Pas vrai ?

Être réaliste et positif, tels sont les deux mots clés en affaires...

## 8.1 PLANIFIER POUR PLUS DE CERTITUDE

Il faut que vous rédigiez un plan de travail, car vos pensées se préciseront en les couchant sur papier. Ce plan comprendra les éléments essentiels pour réussir le lancement de votre travail autonome.

Nous croyons que trop réfléchir nuit à l'action et qu'il faut être réaliste. Mais il faut quand même mettre de l'ordre dans nos idées et savoir où on s'en va. Il ne faut pas faire les choses à peu près. Certains conseils sont bien utiles pour minimiser les risques d'erreurs. Les appliquer rend plus confiant.

Voici ces quelques conseils qui permettent de mieux réussir dans le monde des affaires et de préparer un plan d'affaires crédible et réaliste :

- Soyez conservateur dans vos prévisions. Vous êtes d'un naturel optimiste et vous devez le demeurer, c'est bien ainsi. Mais il faut toujours se garder une marge d'erreur dans toutes ses prévisions. En fait, il est bon de faire des prévisions réalistes — optimistes mais réalistes — pour vous préparer à faire face à toute éventualité.
- Faites valider vos évaluations par des gens neutres. Quelquefois, on n'est pas assez détaché de ses prévisions. On risque alors de les minimiser ou de les maximiser. Soyez réaliste, deux têtes valent mieux qu'une.
- Avant de prendre des décisions, cherchez à avoir l'heure juste même si la vérité déplaît. La vérité est plaisante lorsqu'elle correspond à ce que nous voulons. Si non, elle nous intéresse moins.

- Faites-vous l'avocat du diable, ne tenez rien pour acquis. Il faut avoir confiance en soi, c'est évident. Cependant, il faut en même temps douter et se poser des questions sur ses décisions.
- Ne vous découragez pas. Si cela était facile, tout le monde travaillerait à son compte. Il faut travailler pour réussir en affaires et persévérer. Il faut dédramatiser les difficultés lorsqu'elles surviennent. S'il y a des problèmes, il y a des solutions.
- Fiez-vous aux autres, tout en considérant que vous êtes le seul maître de vos décisions. Il est bien de faire confiance aux gens avec qui on est en affaires. Déléguer des tâches à des collaborateurs, c'est nécessaire. Pourtant, même si l'on consulte beaucoup avant de décider, la personne qui prend la décision doit vivre avec les conséquences. Ne confiez pas la responsabilité de décider pour vous à quiconque.

## 8.2 QU'EST-CE QU'UN PLAN D'AFFAIRES ?

Un plan d'affaires est le résultat écrit de toutes les démarches et décisions que vous prendrez afin de démarrer votre entreprise. Il décrira votre projet de travail autonome en mettant l'accent sur son potentiel commercial et financier, sur vos compétences pour réaliser le projet et sur les façons dont vous vous y prendrez pour atteindre votre clientèle et vos objectifs.

Vous avez d'ailleurs fait plusieurs réflexions utiles à la rédaction de votre plan d'affaires dans les chapitres précédents de ce livre. Le cas échéant, nous vous référerons aux chapitres pertinents dans les sections qui suivent.

Comme le plan d'affaires comprend un échéancier de réalisation, il permet aussi de se donner un plan d'action pour réaliser le projet : quoi faire en premier, quoi faire avant et après, et quand doit-on le faire ? Ce plan d'action agira comme guide dans l'action.

> J'avais tout écrit. Quand je me suis décidé à mettre mon plan d'affaires en œuvre, je n'ai eu qu'à suivre les directives que je m'étais moi-même données. J'étais tellement énervé que j'aurais pu tout faire de travers et perdre du temps si je n'avais pas eu de plan précis.

## 8.3 POUR QUI ET POUR QUOI DOIT-ON PRÉPARER UN PLAN D'AFFAIRES ?

La première personne pour laquelle on doit préparer un plan d'affaires est soi-même. Cette préparation vous permettra de faire vos erreurs sur le papier plutôt que dans la vraie vie. Les recherches que vous aurez faites pour sa préparation vous aideront aussi à déterminer si le projet est rentable et si vous devez vous y investir à fond.

Bien sûr, si vous n'avez pas besoin de financement externe, votre plan d'affaires n'a pas besoin d'être dactylographié et présenté selon les règles de l'art. Avoir réfléchi à tous les aspects de votre projet, avant de démarrer, est l'un des gages de succès en affaires, que cette réflexion soit écrite et rédigée sous la forme d'un plan d'affaires ou non.

En plus de servir de guide et de « pense-bête » au travailleur autonome, le plan d'affaires est utile au moment de rencontrer les prêteurs. Ceux-ci voudront savoir où ira leur argent, comment et par qui il sera utilisé. Avec un plan d'affaires détaillé, le travail de présentation de votre projet en sera facilité.

> Après avoir écrit tout mon plan d'affaires et en avoir discuté avec mon parrain, je me suis aperçu que j'avais oublié de prévoir de l'argent pour payer les assurances responsabilités. Quel oubli ! Une chance qu'il y a pensé !

## 8.4 COMMENT PRÉPARER UN PLAN D'AFFAIRES ?

La préparation d'un plan d'affaires nécessite premièrement de recueillir de l'information et de prendre des décisions basées sur celle-ci. Les renseignements dont vous aurez besoin proviendront d'une étude de marché de même que de toutes les autres données que vous aurez recueillies auprès de votre réseau d'affaires, de vos fournisseurs potentiels et d'intervenants économiques. Ils proviendront aussi de vos lectures et de vos recherches documentaires sur le secteur d'activité, les façons de faire du milieu, les habitudes de consommation de la clientèle, etc. Votre connaissance du secteur d'activité vous aidera à trouver et à approfondir cette information.

> Comme je travaillais dans le domaine depuis cinq ans, au moment de rédiger mon plan d'affaires, je possédais déjà plusieurs renseignements sur la clientèle, les fournisseurs et la réglementation.

Deuxièmement, il s'agit de mettre par écrit cette information et ces décisions sous une forme connue sous le terme « plan d'affaires ». Pour rédiger votre plan d'affaires, il existe plusieurs modèles. Nous vous en suggérons quelques-uns à la fin de ce chapitre.

En résumé, votre plan d'affaires doit répondre aux questions qui suivent. Afin d'illustrer notre propos, nous accompagnons ces questions de réponses fournies par Johanne Gravel, infirmière diplômée, qui veut devenir travailleuse autonome.

### 8.4.1 En quoi consiste le projet, votre idée d'entreprise ?

Il s'agit ici de décrire le plus précisément possible le produit ou le service que vous allez offrir en mentionnant brièvement la clientèle cible, le prix de vente et les avantages que les acheteurs obtiendront en recourant à vos services. Au besoin, revoyez les chapitres 3 et 4.

> Je veux offrir des services de prélèvements sanguins à domicile aux 2 000 personnes âgées de plus de 65 ans de Cap-de-la-Madeleine. À un coût moyen de 30 $ par visite, incluant une analyse générale faite par un laboratoire, je crois que la clientèle préférera se prévaloir de mes services plutôt que de se rendre à l'hôpital régional. D'autant plus que la personne qui détient une assurance privée pourra être remboursée.

### 8.4.2 Qui réalisera le projet ? Vous et vos compétences

Dans cette section de votre plan d'affaires, vous devez convaincre le lecteur que vous êtes la personne idéale pour réaliser le projet. Vous devez aussi y présenter les personnes qui vous entourent (conseillers, réseau d'affaires, parrain ou marraine) de même que la forme juridique de votre entreprise. Nous en avons discuté dans les chapitres 2, 3 et 6.

> Je possède les compétences nécessaires pour réaliser ce projet d'entreprise, puisque j'ai cinq ans d'expérience dans le domaine et une formation complémentaire en gestion. Je serai appuyée dans mon travail par une marraine d'affaires, madame Louise Lanctôt, femme d'affaires connue dans la région pour son dynamisme et son succès. Mon appartenance comme bénévole à plusieurs comités reliés aux affaires sociales m'a aussi permis de développer un réseau d'affaires et de références important pour mon entreprise.
>
> Étant une professionnelle de la santé, j'ai choisi la forme juridique de l'entreprise individuelle pour mon entreprise. Celle-ci portera le nom de Prélèvements sans problèmes.

### 8.4.3 Qui achètera votre produit ou votre service ? Vos clients, votre marché

Il s'agit ici de déterminer le marché et de prévoir la mise en marché. Pourquoi vos clients achèteront-ils votre produit ou votre service plutôt qu'un autre ? Comment ferez-vous pour les rejoindre et leur vendre votre produit ou votre service ? À quel prix leur vendrez-vous votre produit ou votre service ? Quel est votre plan de mise en marché ?

Une fois que le lecteur sait ce qui est offert et par qui il est offert, il s'attend à retrouver une description détaillée de la clientèle cible et des raisons qui la pousseront à acheter votre produit ou votre service plutôt qu'un autre. Il voudra y lire les raisons justifiant votre prix de vente, celles justifiant le choix de cette clientèle précise et la façon dont cette clientèle sera mise au courant de votre existence. Nous en avons déjà discuté dans les chapitres 2, 3 et 5 et nous en reparlerons dans le chapitre 10.

> Ma clientèle sera formée des 2 000 personnes âgées de plus de 65 ans de Cap-de-la-Madeleine gagnant un revenu annuel supérieur à 20 000 $. Je les rejoindrai par le biais du journal de l'âge d'or local et par des annonces dans les bulletins paroissiaux. J'irai aussi présenter mon entreprise aux médecins et aux infirmières du CLSC des Chenaux et du centre hospitalier Cloutier.
>
> Deux médecins et trois infirmières du CLSC m'ont affirmé être favorables à mon projet et, dans les lettres de recommandation que vous trouverez en annexe, ils me confirment qu'ils dirigeront des clients vers mon entreprise.

### 8.4.4 Où sera localisée votre entreprise ?

Le lecteur voudra savoir où vous serez installé pour faire fonctionner votre entreprise et rejoindre votre clientèle. Au besoin, revoyez le chapitre 4.

> Mon entreprise sera située à mon domicile, puisque je me déplacerai vers ma clientèle et non l'inverse. Cette solution me permettra d'économiser d'autant plus que la municipalité de Cap-de-la-Madeleine permet d'exploiter ce genre d'entreprise à domicile.

## 8.5 VOS BESOINS EN RESSOURCES

Quelles sont les ressources dont vous aurez besoin pour démarrer et exploiter votre entreprise ? Combien cela vous coûtera-t-il ?

Afin de faire fonctionner votre entreprise et de fournir à votre clientèle un produit ou un service qui répond à ses besoins, vous avez besoin de ressources matérielles, humaines et financières. Votre plan d'affaires doit présenter ces ressources en indiquant le coût et l'utilité de chacune. Il en a déjà été question dans le chapitre 4.

Possédant déjà un ordinateur qui me servira à la gestion financière et à la gestion des dossiers de mes clients, j'aurai quand même besoin d'un équipement spécialisé pour démarrer et faire fonctionner mon entreprise. Au total, je devrai me procurer pour 15 000 $ d'équipement et de fournitures. Vous en trouverez la liste détaillée en annexe.

### 8.5.1 La gestion de vos ressources

Vous devez présenter la façon dont vous allez gérer les ressources nécessaires à votre entreprise. Par exemple :

- Utiliserez-vous un logiciel comptable pour la gestion financière ?
- Comment vous assurerez-vous que votre client recevra un produit ou un service de la qualité désirée ?
- De quelle façon allez-vous recruter vos sous-traitants ?
- Sur quelles bases allez-vous les payer ?

Bref, vous devez convaincre le lecteur que vous allez vous occuper de votre entreprise et de vos clients comme s'ils étaient la prunelle de vos yeux. Nous discuterons plus en détail de la gestion professionnelle du travail autonome dans les chapitres 9 et 10 et nous verrons la gestion personnelle dans le chapitre 11.

Pour la gestion financière de mon entreprise, j'utiliserai un logiciel en vente sur le marché. Pour la gestion des dossiers clients, j'aurai besoin d'un logiciel spécialisé. Ce logiciel me sera fourni par la firme Santégiciels inc. au coût de 1 500 $. En ce qui a trait au reste de l'équipement et des fournitures, vous en trouverez la liste détaillée en annexe.

Les prélèvements sanguins seront transportés dans des contenants réfrigérés vers le Laboratoire rapide de Saint-Louis-de-France. Ils seront accompagnés du formulaire de demande d'analyse fourni par le médecin traitant. Les résultats seront transmis au médecin qui aura commandé les analyses dans un délai de trois jours suivant la date de réception. Il s'agit d'ailleurs là d'une des raisons qui m'a poussée à choisir ce laboratoire : la rapidité. De plus, sa réputation n'est plus à faire dans le milieu.

### 8.5.2 Combien coûtera votre projet d'entreprise et comment comptez-vous le financer ?

Il en a été question dans les chapitres 3 et 7 alors que nous vous avons expliqué la façon de prévoir vos besoins financiers et que nous avons présenté les principales sources de financement offertes aux travailleurs autonomes.

> Le coût total de mon projet est de 25 000 $. Je peux personnellement fournir 10 000 $ à même mes économies. Je peux aussi obtenir un prêt de 5 000 $, sans intérêt, de mes parents. J'ai donc besoin d'un prêt de 10 000 $, lequel servira à acheter l'équipement spécialisé dont j'ai besoin.

### 8.5.3 Votre projet est-t-il rentable ?

Nous en avons déjà discuté au chapitre 3. Il s'agit ici de préciser le moment où votre projet de travail autonome vous permettra de gagner décemment votre vie et où votre entreprise enregistrera des profits. À cela, il faudra ajouter des prévisions financières complètes. Généralement, on demande au travailleur autonome de préparer ses prévisions financières pour une période de deux ans, ce qui est amplement suffisant pour voir si l'entreprise est rentable.

Vous pouvez faire vous-même vos prévisions financières si vous avez les connaissances nécessaires. Dans le cas contraire, vous pouvez demander à un comptable ou au représentant du Service d'aide aux jeunes entrepreneures (SAJE) de vous aider à les réaliser. Ces prévisions présentent les revenus de même que les dépenses détaillées, par année et par mois, pour les deux premières années d'exploitation de votre entreprise.

> Le lecteur trouvera en annexe des prévisions financières échelonnées sur deux ans. Ces prévisions ont été préparées par Paul Toutant, comptable agréé, sur la base des renseignements que je lui ai fournis. Les prévisions démontrent que je serai à même de rembourser mon prêt à l'intérieur d'une période de trois ans. Si les prévisions se révèlent justes, je réaliserai des profits avant impôts de 15 000 $

la première année. Cette somme servira en partie à couvrir mes dépenses personnelles (12 000 $ pour ma part des dépenses de la famille) et 3 000 $ seront réinvestis dans l'entreprise.

## 8.6 J'ÉVALUE LES RISQUES POUR MIEUX LES DIMINUER

Une étape importante de la planification de votre projet est de prévoir les problèmes qui pourraient survenir. Vous êtes alors en mesure de trouver les meilleures solutions, voire de les retourner à votre avantage. Dans le langage des affaires, c'est ce que l'on nomme le plan de gestion des risques ou le plan des contingences. Ce plan doit être présenté dans votre plan d'affaires.

Pour les travailleurs autonomes, les risques les plus fréquents sont le manque de liquidités (d'argent). La plupart du temps, ce problème découle des ventes qui n'arrivent pas aussi vite que prévu, de l'arrivée de nouveaux concurrents ou de la réaction vigoureuse des concurrents en place. Cette pénurie d'argent peut aussi être causée par les délais dans l'obtention du financement requis ou par le retard dans la livraison des matières premières, des produits à revendre, de l'équipement ou de l'outillage, des permis d'exploitation, des rénovations ou de l'installation physique des locaux nécessaires à vos activités. Enfin, si vous avez besoin de sous-traitants, il se pourrait que les compétences que vous recherchez soient au-dessus de vos moyens financiers ou qu'aucun sous-traitant compétent ne soit disponible au moment où vous en avez besoin.

Sans vous décourager, réfléchissez bien à « ce qui pourrait aller mal » et essayez de trouver dès maintenant des pistes de solutions pour régler ces petits problèmes. Cette réflexion prouvera le sérieux de votre démarche aux établissements financiers.

## 8.7 UN PLAN D'AFFAIRES, EST-CE AUSSI VOLUMINEUX QU'UN ROMAN ?

Un plan d'affaires pour un travailleur autonome est souvent peu volumineux. Il est fréquent de présenter un plan d'affaires d'environ 20 à 40 pages, incluant les annexes, selon la complexité des renseignements à transmettre au lecteur. Plus le projet est simple, plus il est facile de le résumer.

Au moment de la rédaction, tenez compte du fait que les prêteurs ont un emploi du temps très chargé et qu'une « brique » de 300 pages leur fera peur. Soyez bref et précis. Au besoin, donnez certains détails verbalement lors de votre rencontre.

## 8.8 EN RÉSUMÉ

- Un plan d'affaires doit d'abord convaincre le travailleur autonome puis un prêteur éventuel qu'il a trouvé une idée d'entreprise rentable et qu'il a un plan crédible pour la concrétiser.
- Un plan d'affaires, c'est un guide dans l'action. Ce qui est important, c'est toute la réflexion préalable portant sur le marché, la faisabilité et la rentabilité du projet.
- Un plan d'affaires permet de voir venir les problèmes et de préparer des solutions à l'avance pour les contourner ou pour les tourner à son avantage.
- Un plan d'affaires doit être succinct et précis.

**Exercice 8 : Mon plan d'affaires**

Afin de vous préparer à rédiger votre plan d'affaires, répondez succinctement aux questions suivantes :

- En quoi consiste votre projet, votre idée d'entreprise ?

- Qui réalisera le projet ? Parlez de vous et de vos compétences.
- Qui achètera votre produit ou votre service ? Parlez de vos clients, de votre marché. Pourquoi achèteront-ils votre produit ou votre service plutôt qu'un autre ? Comment ferez-vous pour les rejoindre et leur vendre votre produit ou votre service ? Quel prix fixerez-vous ? Quel est votre plan de mise en marché ?
- Où sera localisée votre entreprise ?
- Quelles sont les ressources dont vous aurez besoin pour démarrer et exploiter votre entreprise ? Combien cela vous coûtera-t-il ?
- De quelle façon seront gérées les ressources financières, humaines et matérielles ?
- Combien coûtera votre projet d'entreprise et comment comptez-vous le financer ?
- Votre projet est-t-il rentable ?
- Quels sont les principaux risques associés à votre projet et comment allez-vous les contourner ?

Vous pouvez ensuite prendre connaissance du plan d'affaires de madame Any Trépanier qui est présenté en annexe. Ce plan d'affaires pourra vous servir de modèle afin de rédiger le vôtre. Soyez prudent cependant, ce plan d'affaires a été réalisé pour madame Trépanier ; votre propre situation peut être différente.

Deux ouvrages et un cédérom présentent des modèles différents de plans d'affaires. Le premier, celui d'André Belley et de ses collègues, présente toutes les sections d'un plan d'affaires et appuie chacune d'un exemple. Le livre de Paul-Arthur Fortin présente l'ensemble de la démarche pour devenir entrepreneur, du profil entrepreneurial au plan d'affaires, en passant par plusieurs autres sujets d'intérêt.

Enfin, la dernière référence est un cédérom utilisable sur plate-forme IBM. Il comprend beaucoup de renseignements connexes, comme une banque de données sur les régions et les organismes qui offrent de l'aide au démarrage d'entreprise.

BELLEY, André, DUSSAULT, Louis et LAFERTÉ, Sylvie. *Comment rédiger son plan d'affaires à l'aide d'un exemple de projet d'entreprise*, collection Entreprendre, Les Éditions Transcontinental inc. et Fondation de l'Entrepreneurship, Montréal et Charlesbourg, 1996.

FORTIN, Paul-Arthur. *Devenez entrepreneur: pour un Québec plus entrepreneurial, 2e éd.*, collection Entreprendre, Les Éditions Transcontinental inc., Fondation de l'Entrepreneurship, Les Presses de l'Université Laval, Montréal, Charlesbourg et Sainte-Foy, 1992.

SAMSON, Alain (en collaboration avec Paul Dell'Aniello). *Devenez entrepreneur - plan d'affaires*, Les Éditions Transcontinental inc. et Fondation de l'Entrepreneurship, Montréal et Charlesbourg, 1996 (disquettes et cédérom).

CHAPITRE 9

# Mes finances

• • •

*Les affaires, c'est bien simple : c'est l'argent des autres.*

ALEXANDRE DUMAS fils, La question d'argent

• • •

La gestion de votre argent est un élément fort important de votre succès comme travailleur autonome. Dans ce chapitre, nous débuterons par quelques conseils généraux afin de ne pas négliger les aspects financiers de votre entreprise, puis nous examinerons plus en détail les registres à tenir, les documents à conserver, les dépenses admissibles, la gestion des liquidités et la gestion des comptes clients et fournisseurs.

## 9.1 QUE FAIRE POUR ÉVITER DE NÉGLIGER LES ASPECTS FINANCIERS ?

- Vous devez vous asseoir une fois par année, faire le point sur la situation financière de votre entreprise. Ensuite, vous pourrez définir de nouveaux objectifs financiers pour l'année suivante. À la fin de l'année, regardez s'ils ont été atteints et sinon, demandez-vous pourquoi.
- Vous aurez intérêt à faire appel à un conseiller financier, comme un courtier en valeurs mobilières, un comptable ou un courtier d'assurances en qui vous avez confiance. Il saura être plus objectif que vous ; il a tout à gagner et rien à perdre en vous aidant de son mieux.
- Pourquoi ne pas séparer vos finances personnelles des finances de l'entreprise ? Ayez des comptes de banque différents. Si votre entreprise est incorporée ou si vous fonctionnez sous une raison sociale, la question ne se pose pas, car vous devez ouvrir un compte au nom de l'entreprise.
- Arrêtez-vous une fois par mois pour évaluer si vous faites de l'argent avec votre travail autonome.

- Si faire votre comptabilité vous prend trop de temps, vous pouvez la confier à un comptable et même à un autre travailleur autonome. Assurez-vous cependant de suivre le tout de très près.

## 9.2 LES REGISTRES À TENIR ET LES DOCUMENTS À CONSERVER

Le premier registre à tenir est un livre comptable où vous enregistrerez toutes les transactions financières de votre entreprise. Ce registre est appelé le grand livre. Ce grand-livre compte plusieurs colonnes dans lesquelles vous indiquez chronologiquement les transactions que vous faites. Par exemple, un chèque fait pour payer le téléphone serait enregistré en déduction dans la colonne de votre compte en banque et en ajout dans une colonne réservée aux dépenses de téléphone.

C'est le livre comptable le plus facile à utiliser surtout si vous n'avez pas beaucoup de dépenses et peu de transactions à enregistrer.

EXEMPLE PARTIEL DE GRAND-LIVRE

| | | | Encaisse | | Revenus | | Dépenses | |
|---|---|---|---|---|---|---|---|---|
| | | | Plus | Moins | Plus | Moins | Plus | Moins |
| Date | Explications | N° | | | | | | |
| 1 janv. 1995 | Dépôt 1re vente | | 1 000 $ | | | 1 000 $ | | |
| 2 janv. 1995 | Photocopies | 1 | | 50 $ | | | 50 $ | |
| 3 janv. 1995 | Téléphone | | 2 | | 45 $ | | | 45 $ |
| 5 janv. 1995 | Paie du propriétaire | 3 | | 150 $ | | | 150 $ | |
| 6 janv. 1995 | Deuxième vente | | 1 500 $ | | | 1 500 $ | | |
| 7 janv. 1995 | Loyer | 4 | | 600 $ | | | 600 $ | |
| ... | | | | | | | | |
| 30 janv. 1995 | Frais bancaires | | | 12 $ | | | 12 $ | |
| | Total | | 2 500 $ | 857 $ | 0 $ | 2 500 $ | 857 $ | 0 $ |
| 30 janv. 1995 | Solde | | 1 643 $ | | | 2 500 $ | 857 $ | |

Dans l'exemple ci-dessus, vous trouvez un extrait d'un grand-livre. La première colonne indique la date de chaque transaction, la deuxième explique sa nature et la troisième indique le numéro de chèque.

Les autres colonnes sont réservées aux entrées des différents postes dont vous aurez besoin. Nous avons indiqué l'encaisse, qui représente votre compte commercial, les revenus ou les ventes de l'entreprise et enfin les dépenses. Nous avons regroupé les revenus et les dépenses. Cependant, pour votre entreprise, vous devrez réserver une colonne pour chaque type de dépenses et de revenus, le cas échéant.

Certaines dépenses peuvent aussi être regroupées afin de ne pas avoir trop de colonnes. Par exemple, on peut regrouper les dépenses de bureau, comme le téléphone, les photocopies, les fournitures de bureau et les timbres. On peut aussi regrouper le loyer, le chauffage et l'entretien du local.

Dans ce tableau que vous venez de voir, les ventes sont faites au comptant. Dans le cas où vous feriez des ventes à crédit, vous aurez besoin d'une colonne pour les comptes clients. Dans le prochain tableau, nous illustrons cette situation.

EXEMPLE D'UNE VENTE AVEC UN COMPTE CLIENT

| | | | Encaisse | | Recevables | | Revenus | |
|---|---|---|---|---|---|---|---|---|
| | | | Plus | Moins | Plus | Moins | Plus | Moins |
| Date | Explications | No | | | | | | |
| 3 févr. 1995 | Vente no 1 | | | | 1000 $ | | 1000 $ | |
| 4 mars 1995 | Dépôt de la vente no 1 | | 1000 $ | | | 1000 $ | | |
| | | | | | | | | |

D'autres registres ou livres comptables peuvent être utilisés ; il s'agit du journal des achats, du journal des ventes, du registre des comptes clients et de celui des comptes fournisseurs, du livre des inventaires, du livre de la paie et du registre de petite caisse. Ce sont ces livres comptables qui sont utilisés dans la majorité des logiciels comptables que vous trouverez sur le marché.

Vous pouvez aussi, si vous le désirez, effectuer ces opérations et tenir ces registres sur informatique. Nous vous suggérons cependant de débuter « à la mitaine » si vous n'êtes pas familier avec la tenue de livres et la comptabilité. Cette méthode, quoique très ancienne, a fait ses preuves et vous permettra de bien connaître le fonctionnement financier de votre entreprise avant de confier le tout à un logiciel comptable. Vous pouvez aussi utiliser un tableur (Lotus ou Excel par exemple), mais dans ce cas il faut faire un peu de programmation pour bâtir le système comptable.

Vous devez conserver tous les documents pertinents à la gestion et aux finances de votre entreprise durant une période minimale de cinq ans plus l'année en cours en ce qui concerne le gouvernement fédéral et durant une période minimale de trois ans plus l'année en cours en ce qui concerne le gouvernement provincial. Ne prenez pas de risque, gardez tout durant cinq ans plus l'année en cours ; on ne sait jamais quand les inspecteurs de l'impôt viendront vérifier les livres. Tout document ayant dépassé cette période de cinq ans plus l'année en cours peut être entreposé définitivement ou être détruit.

## 9.3 LES DÉPENSES ADMISSIBLES

Vous pouvez déduire les dépenses engagées pour gagner des revenus à titre de travailleur autonome, parfois en totalité, parfois en partie, dans la mesure ou ces dépenses sont raisonnables et justifiées, et qu'elles ont été faites dans le cadre des activités de votre entreprise. Communication-Québec, Revenu Québec et Revenu Canada possèdent plusieurs dépliants qui contiennent toute l'information dont vous avez besoin pour déterminer les dépenses admissibles selon votre situation.

Toutes les dépenses que vous inscrirez en contrepartie de vos revenus d'entreprise devront être accompagnées d'une pièce justificative, une preuve crédible que vous avez bien payé ces dépenses. Par exemple, les reçus rédigés à la main sont moins crédibles que les récépissés de cartes de crédit.

En règle générale, les dépenses engagées dans l'exercice de votre profession ou de votre métier à titre de travailleur autonome se regroupent selon les catégories suivantes :

- les dépenses d'administration et les frais de bureau (loyer, téléphone, électricité, secrétariat, fournitures de bureau, poste, photocopie, papeterie, assurances, location d'équipement, entretien et réparation, livres de référence, honoraires professionnels, taxes et permis, etc.) ;
- les dépenses de vente (commission, publicité, représentation, déplacements, transport, objets promotionnels, etc.) ;
- les frais financiers et les amortissements (intérêt sur emprunt, intérêt sur marge de crédit, frais bancaires, amortissement sur votre équipement et votre mobilier de bureau, sur votre système informatique et sur les autres biens utilisés par l'entreprise) ;
- les frais de formation et de congrès (logement et repas, transport, inscription, etc.).

Certaines de ces dépenses méritent qu'on leur accorde une attention particulière. Ainsi, si vous louez un local commercial, vous pouvez déduire en totalité le loyer, les assurances, l'électricité, l'entretien et les autres dépenses qui y sont associées. Si votre bureau est dans votre résidence, vous pouvez alors déduire une partie des frais engagés au prorata de l'espace utilisé, tout en respectant la réglementation municipale.

Il vous faudra donc vérifier le pourcentage d'utilisation commerciale et les usages permis par votre municipalité si votre entreprise est à votre domicile. Un coup de téléphone ou une visite à l'hôtel de ville vous permettra d'obtenir ces renseignements. En même temps, si cela n'est déjà fait, informez-vous du coût du permis d'affaires et du tarif de taxes d'affaires en vigueur dans votre municipalité. Prenez note que toutes les entreprises, quelle que soit leur forme juridique, doivent obtenir un permis d'affaires de la municipalité où elles sont installées.

Ainsi, si vous payez un loyer de 500 $ par mois et que vous utilisez une pièce qui représente 25 % de la surface totale de votre logement, vous pouvez déduire une somme de 125 $ par mois à titre de dépenses d'administration, sous la rubrique loyer. Ce pourcentage s'appliquera également aux dépenses d'électricité, d'assurance et d'entretien. Le même principe s'applique si vous êtes propriétaire de votre résidence et les calculs s'appliqueront à la portion d'intérêt de votre versement hypothécaire.

D'autres dépenses qui méritent une attention particulière sont les frais de déplacements et les dépenses d'automobile. Ceux-ci sont déductibles lorsqu'ils sont en relation directe avec l'exploitation de votre entreprise, par exemple, pour rencontrer des clients.

Ainsi, si vous devez prendre l'autobus, le train ou l'avion pour aller rencontrer un client à l'extérieur de la ville, le coût du billet est entièrement déductible de même que toute dépense raisonnable pour les repas, la chambre d'hôtel ou les taxis.

Si votre entreprise n'est pas incorporée, dans le cas où vous utilisez votre propre automobile, celle-ci peut être utilisée à des fins d'affaires comme à des fins personnelles. Les dépenses d'automobile admissibles sont alors celles qui concernent le travail uniquement et un calcul doit être fait afin de réduire la dépense du nombre de kilomètres parcourus pour vos affaires personnelles.

Le même raisonnement s'applique si vous utilisez une automobile enregistrée au nom de l'entreprise. Dans ce cas, si votre entreprise n'est pas incorporée, vous devez déduire la portion d'utilisation personnelle de la dépense totale.

Si votre entreprise est incorporée et qu'elle paie toutes les dépenses de l'automobile, celle-ci peut demeurer une dépense pour l'entreprise, mais vous ajoutez la portion d'utilisation personnelle à titre de revenu personnel.

Enfin, si votre entreprise est incorporée et que vous utilisez votre automobile personnelle, l'entreprise peut vous rembourser les frais de déplacements engagés pour fins d'affaires selon un montant calculé au kilomètre, ce qui simplifie votre tâche.

Les frais de représentation, quant à eux, sont déductibles à 50 %, tant au fédéral qu'au provincial. Si vous prenez un repas au restaurant avec un client, conservez non seulement le coupon de caisse, mais aussi le récépissé de votre carte de crédit. Indiquez sur ce dernier le nom du client et l'objet de la rencontre afin qu'il soit évident que le repas était un repas d'affaires, admissible comme dépense d'entreprise.

Enfin, les frais de formation et de congrès méritent un traitement particulier. Il est en effet fort possible que vous ayez à payer des frais d'inscription, de déplacement et de séjour pour participer à une activité de formation. Tous ces frais sont alors admissibles seulement si l'activité répond à l'ensemble des critères suivants :

- elle ne conduit pas à un diplôme particulier ou à un titre professionnel ;
- elle a pour but de vous informer des plus récentes méthodes dans votre domaine d'activité ;
- elle a une durée vous permettant de continuer à exercer vos fonctions ;
- elle se donne dans la même région que le lieu de votre travail.

Vous pouvez aussi déduire les dépenses engagées pour assister à un maximum de deux congrès par année. Ces congrès doivent être tenus par des organismes commerciaux ou professionnels et avoir lieu dans la province, la municipalité ou la région du Canada dans laquelle œuvre l'organisme. Il n'est cependant pas nécessaire d'être membre de l'organisme en question. Naturellement, votre présence doit être reliée à l'exercice de votre travail.

En ce qui concerne les congrès ayant lieu à l'extérieur du pays, nous vous invitons à vérifier auprès des ministères du Revenu, car il existe plusieurs restrictions.

## 9.4 LA GESTION DES LIQUIDITÉS

> L'argent rentrait. Je me payais de gros comptes de dépenses et l'auto était à la charge complète de mon entreprise. Tout allait bien jusqu'au jour où mon comptable me dit que je ne faisais pas autant d'argent que cela. Il m'a dit que si je ne prévoyais pas mieux mes sorties de fonds, je pourrais avoir des problèmes de liquidités, manquer d'argent. J'ai été surpris, mais je l'ai écouté et j'ai coupé dans mes dépenses. J'ai bien fait de l'écouter ! Maintenant, j'ai de l'argent de côté.

La gestion des liquidités réfère à deux choses : le suivi de votre compte de banque en ce qui a trait au mouvement de trésorerie (entrées et sorties de fonds) et le rapprochement bancaire mensuel.

Vous devrez en effet tenir à jour les transactions que vous ferez dans votre compte de banque. Pourquoi, par exemple, faire un chèque si vous êtes certain qu'il ne passera pas ? Pourquoi attendre pour faire vos dépôts si vous êtes en manque de liquidités ?

Votre établissement financier vous offrira des carnets de chèques spécialement conçus pour les entreprises. Servez-vous-en ! Notez sur les factures que vous payez le numéro du chèque que vous avez utilisé et, sur celui-ci, notez le nom du bénéficiaire et le numéro de la facture payée. De la même façon, indiquez sur vos bordereaux de dépôts le nom et le numéro de chèque du client qui vous a payé et, le cas échéant, le numéro de votre facture correspondante.

Classez vos transactions en ordre chronologique. Conservez tout document au minimum cinq ans plus l'année en cours, comme il est requis par la Loi sur l'impôt.

Dans votre carnet de chèques, calculez le solde après chaque transaction et, connaissant vos frais fixes mensuels, assurez-vous que celui-ci est suffisant pour au moins le mois à venir.

Une fois par mois, faites votre rapprochement bancaire : vérifiez si le solde en banque de votre carnet de chèques (solde aux livres) est le même que celui qui est indiqué sur votre relevé de transactions bancaires (solde en banque). En premier, inscrivez dans votre livret de chèque le montant des frais bancaires et déduisez-les du solde. Ensuite, vérifiez un à un les chèques et les dépôts du mois pour vous assurer qu'ils figurent bien sur votre relevé bancaire.

Les chèques et les dépôts qui ne sont pas inscrits sur ce relevé sont considérés comme étant en circulation, soit que la personne bénéficiaire du chèque ne l'a pas encore encaissé ou que le dépôt que vous avez fait a été enregistré à la banque à une date ultérieure, ce qui arrive parfois les jeudis ou vendredis après 15 h 00, alors que les transactions sont enregistrées le lendemain.

Dans le cas où ces deux soldes ne sont pas égaux, vérifiez encore une fois les chèques et les dépôts et assurez-vous que les montants indiqués dans votre carnet de chèques sont les mêmes qui figurent sur le chèque et dans votre relevé bancaire (9,19 $ et 9,91 $, par exemple).

Si vous n'arrivez pas aux mêmes chiffres, vérifiez si la différence entre les deux est divisible par 9. Une telle différence indique toujours une inversion de chiffres. Par exemple, 9,19 $ moins 9,91 $ = 0,72 $ divisé par 9 = 0,08 $. Dans l'exemple ci-dessous, si vous aviez inscrit 3 394 $ comme solde aux livres, vous auriez une différence de 540 $ (3 394 $ - 3 934 $) qui, divisé par 9, donne 60, un beau chiffre rond vous indiquant que votre erreur relève d'une inversion de chiffres.

Pour faire votre rapprochement bancaire, c'est-à-dire pour établir si votre solde bancaire et votre solde aux livres correspondent, procédez de la façon suivante :

Solde à la banque

| | |
|---|---|
| Plus : | Dépôts en circulation |
| Moins : | Chèques en circulation |
| Égale : | Solde aux livres |

Par exemple :

| | |
|---|---|
| Solde à la banque le 31 janvier 1996 | 5 434 $ |
| Plus : Dépôts du 31 janvier en circulation | 2 000 $ |
| Moins : Chèques en circulation | |
| N° 334 | 1 000 $ |
| N° 336 | 2 000 $ |
| N° 340 | 500 $ |
| Solde aux livres | 3 934 $ |

Si vous faites votre rapprochement bancaire tous les mois et dès le début de vos activités, le tout devrait se passer sans problème et vous saurez toujours où vous en êtes quant à la situation de votre compte bancaire.

### 9.5 LA GESTION DES COMPTES CLIENTS ET DES COMPTES FOURNISSEURS

Vous devrez aussi surveiller de près vos comptes fournisseurs et vos comptes clients. Quelle que soit la méthode que vous prendrez pour classer vos factures à payer et vos comptes clients, assurez-vous de respecter vos échéanciers de paiement et de faire respecter les vôtres.

Le plus difficile, le plus intimidant, pour la majorité des travailleurs autonomes est de courir après les clients pour se faire payer. Dans le cas du commerce de détail, ce problème n'arrive que rarement, puisque les transactions sont faites au comptant ou par carte de crédit.

Dans les secteurs des services et des artisans, il arrive assez fréquemment que vous deviez communiquer avec vos clients par écrit ou par téléphone afin de leur rappeler qu'ils vous doivent de l'argent. Généralement, un seul coup de fil poli et courtois suffit. En effet, tout comme vous, ils manquent de temps et « oublient » de payer quelques comptes ici et là. Rien d'inquiétant ici.

Cependant, si un client vous remet de jour en jour et de mois en mois en vous racontant des histoires abracadabrantes de comptable parti avec la caisse ou avec la meilleure amie de l'amie de votre conjoint qui depuis, etc., en oubliant de signer le chèque, en se trompant d'adresse ou de compte, posez-vous des questions sur l'échéance à laquelle il vous paiera ce qu'il vous doit.

Vous devrez alors avoir recours aux services d'un avocat de la division des petites créances de la Cour du Québec ou d'une firme de recouvrement de comptes.

Si vous décidez de recourir à la division des petites créances de la Cour du Québec, la somme qui vous est due ne doit pas dépasser 3 000 $ et vous devrez vous représenter vous-même à la cour, c'est-à-dire sans les services d'un avocat. Avant de faire une requête à la division des petites créances, il faut écrire une dernière fois à la personne ou à l'entreprise qui vous doit de l'argent. Si elle ne vous paie pas, vous devrez alors inscrire votre cause auprès de la greffe dans le district judiciaire où habite la personne que vous poursuivez ou dans le district judiciaire où l'événement pour lequel vous poursuivez s'est déroulé.

Si la somme qui vous est due dépasse les 3 000 $, vous devez poursuivre la personne ou l'entreprise qui vous doit cet argent devant la cour civile et avoir recours aux services d'un avocat.

Vous pouvez aussi confier le recouvrement de votre compte à une entreprise spécialisée, et ce, quel que soit le montant qui vous est dû. Celle-ci achètera vos comptes clients pour une somme moindre que le total qui vous est dû et s'occupera de se faire rembourser par les personnes ou les entreprises qui vous doivent de l'argent. Le montant que cette firme vous donnera pour acheter vos comptes clients dépendra du temps écoulé depuis que vous possédez ce compte et des efforts qu'elle aura à mettre pour se faire rembourser. La différence entre le montant qu'on vous doit et le montant que vous obtiendrez de la firme de recouvrement représente les honoraires de cette dernière.

Tout ce que nous venons de dire sur les clients qui mettent du temps à vous payer pourrait s'appliquer à vous... Faites attention à votre réputation !

## 9.6 EN RÉSUMÉ

- Il faut au moins un grand-livre pour inscrire toutes vos transactions financières.
- Gardez toute votre paperasse cinq ans plus l'année en cours, c'est la loi.
- En règle générale, toutes les dépenses faites dans le but de gagner un revenu sont déductibles de ce revenu, dans la mesure où elles sont raisonnables et justifiées.
- Savoir où est et où va son argent liquide est une règle d'or de la gestion.
- N'oubliez pas de recouvrer vos comptes... et de payer les vôtres.

## Avant d'aller plus loin

### *Exercice 9* : Mes registres comptables

- De quels registres comptables allez-vous avoir besoin (grand-livre, livre de paie, journal des achats ou des ventes, etc.) ?
- Quelles sont les colonnes dont vous aurez besoin outre celles de l'encaisse et des revenus ? Quelles seront les dépenses ou catégories de dépenses de votre entreprise ?
- Choisissez entre la comptabilité manuelle, informatique ou en sous-traitance. Quelles sont les raisons qui motivent ce choix ?
- Afin de savoir combien d'argent vous devez avoir dans votre compte d'affaires pour faire face à vos obligations mensuelles, faites la somme de vos frais fixes par mois (loyer, assurances, votre salaire, autres engagements).

## Pour aller plus loin

Voici trois volumes qui pourront vous aider énormément à répondre à toutes les questions financières. Le premier, celui de Régis Fortin, insiste surtout sur le fonds de roulement, sur les liquidités. Voilà qui est important ! Le deuxième, celui de Pierre A. Douville, traite plus particulièrement du crédit par le biais des questions comment, quand et à qui en faire ? Le dernier, de L. Martel et J. G. Rousseau, plus théorique, fait le tour de tout ce que devrait savoir un bon gestionnaire sur les états financiers. Quoique plus détaillé que ce dont ont besoin généralement les travailleurs autonomes, il constitue une source d'information précieuse, en particulier sur les questions financières.

FORTIN, Régis. *Comment gérer son fonds de roulement: pour maximiser sa rentabilité*, collection Entreprendre, Les Éditions Transcontinental inc. et Fondation de l'Entrepreneurship, Montréal et Charlesbourg, 1995.

DOUVILLE, Pierre A. *Le crédit en entreprise : pour une gestion efficace et dynamique*, collection Entreprendre, Les Éditions Transcontinental inc. et Fondation de l'Entrepreneurship, Montréal et Charlesbourg, 1993.

MARTEL, Louise et ROUSSEAU, Jean-Guy. *Le gestionnaire et les états financiers, 2e éd.*, collection Mercure Sciences comptables, Les Éditions du Renouveau pédagogique inc., Ottawa, 1993.

Les institutions financières offrent également des guides pratiques sur la plupart des aspects de la question financière. Informez-vous !

CHAPITRE 10

# Ma mise en marché

• • •

*La coutume a fait de parler de soi vicieux.*

MONTAIGNE, Essais, II.

*Ce sujet favori, moi-même.*

J. BOSWELL, Lettre à Temple.

• • •

Nous l'avons déjà dit, comme pour toute entreprise, la mise en marché est un élément essentiel au succès des travailleurs autonomes. Dans ce chapitre, nous voulons faire un tour d'horizon des moyens mis à votre disposition pour vendre votre produit ou votre service : la publicité, la promotion et les relations publiques. Nous terminerons en discutant de l'image professionnelle que doit projeter tout travailleur autonome ainsi que de l'importance des outils qui vous permettront de rester au fait des tendances du marché. Débutons par le produit.

## 10.1 MON PRODUIT, C'EST MOI !

Mettre en marché un produit ou un service est une chose difficile en soi. Pour le travailleur autonome, il s'agit souvent de se mettre soi-même en marché, ce qui est d'autant plus difficile. Se vendre soi-même, quel cauchemar ! Cependant si...

- on est passionné !

> En entrevue pour un emploi, j'avais de la difficulté à me vendre. Quand je me suis fatiguée de chercher un emploi et que j'ai décidé de devenir travailleuse autonome, je croyais bien ne jamais pouvoir vendre mon service. Quelle surprise pour moi que de constater que je me vendais très bien quand je parlais de mon expertise et de mon entreprise. L'enthousiasme ne me manque pas dans ce cas.

Cette situation n'est pas rare. Nous avons vu à maintes reprises des personnes parler de leur entreprise, de leur produit ou de leur service avec beaucoup d'enthousiasme alors qu'elles avaient de la difficulté à parler d'elles-mêmes.

Comme nous l'avons vu dans les chapitres précédents, votre travail autonome repose sur votre expertise, sur un produit ou un service qui vous passionne. Il est alors facile d'en parler avec... passion.

- on est préparé !

> La première fois que j'ai téléphoné à un client potentiel pour lui vendre mon service, je n'avais pas prévu toutes les questions qu'il m'a posées... je n'avais donc pas les réponses. J'ai eu l'air un peu stupide. Maintenant, je me prépare mieux et j'apporte beaucoup de documentation pour appuyer mes dires.

Prévoir l'imprévisible, prévoir toutes les questions et y avoir réponses vous permettra d'avoir plus confiance en vous et de rassurer vos clients potentiels. Avant de partir à la chasse aux clients, préparez-vous des exemples de mandats que vous avez réussis avec brio, apportez des échantillons de votre produit ou de votre service et dressez une liste des arguments positifs qui parlent en votre faveur.

- on a confiance en soi !

> J'étais très gênée d'aller voir des clients potentiels ou de leur téléphoner sans que ce soit eux qui me demandent. Je pensais les déranger pour rien ! Voyons, me suis-je dit, tu vas leur rendre service... ils ont besoin de toi... tu es la meilleure... ils seront beaucoup mieux après ton passage ! Après plusieurs répétitions de ce mantra, j'ai fini par y croire. Envolée la gêne !

Être certain de soi, être persuadé que l'on va rendre service à nos clients est la meilleure façon de se préparer mentalement à vendre, à se vendre. Si l'on ne croit pas en notre produit ou en notre service, ni en nous, comment les autres pourraient-ils y croire ?

- on a l'air professionnel !

> Je suis une personne très relaxe ! J'aime bien travailler en jeans. Mais pour aller rencontrer des clients, ce n'est pas le costume idéal.

L'habit fait le moine, quoi que l'on en dise. Mais il y a plus que la tenue vestimentaire : une voiture ou une camionnette propre, des documents sans fautes, une carte professionnelle sobre et efficace, un langage clair et précis, une image professionnelle à la mesure de la qualité de notre produit ou de notre service sont autant d'atouts qui démontrent aux clients notre professionnalisme.

- on prépare un plan de mise en marché !

On ne part pas à la recherche de clients comme on va à la cueillette des bleuets. On se prépare si l'on ne veut pas perdre de temps ni d'argent.

> J'avais bien mal défini ma clientèle. J'ai perdu deux mois à rencontrer des gens très intéressants, mais pas du tout intéressés à mon produit.

La mise en marché doit être préparée avec beaucoup de soin. Qui sont les clients ? Que veulent-ils pour satisfaire leurs besoins ? Quelle est la meilleure façon de les rejoindre ? Quelles caractéristiques devra posséder mon produit ou mon service pour que mes clients le trouvent attrayant ? Quel est le prix qu'ils sont prêts à payer pour se le procurer ? À quel endroit devrais-je être situé pour rejoindre ma clientèle ?

Voilà autant de questions qu'il faut se poser et auxquelles il faut trouver une réponse avant de se lancer à la recherche de clients. Ces réponses se trouvent en réalisant une étude de marché et en s'appuyant sur la connaissance que l'on a du domaine d'activité de notre entreprise.

- on utilise son réseau d'affaires et les bonnes références !

Que l'on soit infirmière en pratique privée, consultant en démarrage d'entreprise, esthéticienne, technicienne en informatique, ébéniste ou autre, deux sources de clients très intéressantes sont le réseau personnel et d'affaires et les références.

Dans votre réseau, toutes ces personnes que vous connaissez, qui vous connaissent et qui vous apprécient peuvent vous envoyer de la clientèle. Faites le tour de vos anciens employeurs, de vos ex-collègues de travail et de classe, de vos amis et de la parenté, laissez-leur votre carte professionnelle et tenez-les au courant des produits ou des services que vous offrez. Même si les résultats de ces démarches ne sont pas instantanés, ils finiront par aboutir.

Dans ce même réseau ou dans votre région, repérez les personnes ou les organismes qui sont en relation directe avec la même clientèle que vous, mais qui offrent des services ou des produits différents et complémentaires. Rencontrez-les afin de les informer de votre présence sur le marché et des avantages que leurs clients retireront à faire des affaires avec vous. Par exemple, une infirmière en service privé fera la promotion de son service auprès du CLSC, des médecins, des résidences pour personnes âgées et des maisons de convalescence ; le consultant en démarrage d'entreprise se fera connaître auprès des établissements financiers et des organismes d'aide du milieu ; l'esthéticienne laissera ses cartes professionnelles chez un coiffeur ou un autre professionnel des soins personnels ; une technicienne en informatique s'adressera aux détaillants de matériel informatique ; l'ébéniste laissera ses coordonnées chez les antiquaires, les marchands de meubles ou de matériel de décoration intérieure.

## 10.2 FAIRE DES PROMOTIONS QUI PAIENT

La promotion est un outil de soutien à la vente qui peut prendre la forme de réductions, de coupons, de cadeaux, de commandites d'événements, de clubs sociaux ou sportifs, etc. Des activités de promotion bien faites et bien ciblées peuvent être très rentables pour vous ; par exemple, si vous êtes formateur en démarrage d'entreprise, ce n'est pas une très bonne idée de commanditer l'équipe de balle molle junior de la paroisse dont votre beau-frère est l'entraîneur. Par contre, ce peut être très profitable si vous êtes distributeur de boissons gazeuses.

L'important est de bien évaluer la clientèle que vous voulez rejoindre pour offrir votre produit ou service. N'oubliez pas que vous faites des promotions pour attirer de nouveaux clients ainsi que pour remercier vos clients de vous encourager et les inciter à revenir.

Un mot sur la publicité par l'objet : prenez soin de bien choisir l'objet de promotion et le message qu'il véhicule. Essayez de vous démarquer de la concurrence sans investir une fortune en « bidules » que vous donnerez et qui se retrouveront sans doute au fond d'un tiroir ou à la poubelle.

Si votre secteur d'activité ne se prête pas aux activités de promotion, vous pourriez alors investir dans la publicité ou encore dans les relations publiques.

## 10.3 LA PUBLICITÉ

La publicité se trouve dans l'ensemble des médias écrits, visuels et parlés. Les travailleurs autonomes l'utilisent pour faire connaître leur entreprise, leur produit ou leur service, afin d'attirer les clients potentiels et pour aviser leur clientèle établie de leurs promotions.

Connaissez-vous la différence entre un consommateur et un client ? Un consommateur est une personne qui visite votre entreprise pour la première fois et qui achète ou non. Un client est la personne qui, lors de sa première visite, a acheté et qui, étant satisfait de son achat, revient chez vous.

Pour faire la publicité de votre entreprise et de votre produit ou de votre service, vous avez le choix entre plusieurs médias locaux, régionaux ou nationaux : la télévision, la radio, les journaux et les hebdomadaires, les revues, le courrier électronique, l'Internet, les panneaux publicitaires géants, les affiches dans et sur les autobus et le métro, les affiches ZOOM dans les toilettes des lieux publics, les pochettes d'allumettes, les tasses et les cendriers, les brochures et les catalogues, les circulaires ou les dépliants que vous laissez chez les clients potentiels, alouette !

Pour vous aider dans le choix des médias appropriés à votre publicité, étudiez attentivement les choix que font vos concurrents dont l'entreprise se situe sur le même territoire que le vôtre. S'ils connaissent du succès, imitez-les et choisissez les mêmes médias qu'eux. Sinon, tentez d'innover et de trouver de nouvelles façons de rejoindre votre clientèle.

N'oubliez pas de découper, de photographier, d'enregistrer ou de vous procurer une copie de toute publicité faite par vos concurrents. Cela vous sera d'une grande utilité pour établir votre plan de publicité et de promotion.

De même, cherchez à savoir quelles sont les clientèles qui peuvent être rejointes par ces médias. Chaque média et, dans le cas de la radio et de la télévision, chaque heure rejoint une clientèle bien connue des représentants publicitaires. Des études BBM sont réalisées deux fois par année pour déterminer qui écoute ou regarde quoi et quand. Connaissant bien votre clientèle cible, vous serez alors en mesure de choisir le meilleur média et le meilleur moment de la journée ou de l'année pour faire votre publicité.

Une façon intéressante d'utiliser la publicité est d'écrire des articles ou des chroniques dans le journal ou l'hebdomadaire local. Vous devez payer pour l'espace que vous utilisez, mais cela vaut la peine : le fait d'écrire sur un sujet, de donner des conseils ou des petits trucs, d'informer votre clientèle sur votre service ou votre produit augmente votre visibilité et votre crédibilité. Les clients veulent en savoir plus, ils viennent vous voir ou vous appellent et... ils achètent.

Vous avez décidé de renoncer à la publicité conventionnelle ? Le bouche à oreille est suffisant ? Des dépliants maison seront distribués dans votre quartier ? Vous utiliserez votre réseau personnel pour vous faire connaître ?

L'utilisation de stratégies publicitaires maison peut être appropriée, cependant, n'oubliez pas d'épier la concurrence et de vous assurer que vous ne serez pas trop à l'écart de la tendance. Mais rassurez-vous, elles fonctionnent très bien dans certains cas. À vous de choisir celle qui répond le mieux à votre budget et à votre clientèle cible.

Un petit mot sur l'humour et la publicité : évitez de tomber dans le ridicule à moins qu'il ne s'agisse là de votre stratégie même... Évitez que l'on rie de vous plutôt que de vos farces.

La publicité est fort intéressante. Toutefois, elle coûte cher. Il existe un moyen plus économique qui pourrait être utilisé pour vous aider à rejoindre vos clients.

## 10.4 EST-CE QUE JE M'INVESTIS DANS LES RELATIONS PUBLIQUES ?

Les relations publiques utilisent aussi les médias, mais d'une manière différente de la publicité conventionnelle. Il s'agit pour l'entreprise d'obtenir de la publicité gratuite en faisant parler d'elle dans les médias à la suite de réussites, d'exploits, de nouveautés, ou grâce à l'engagement de son dirigeant dans différentes organisations sociales, communautaires ou d'affaires.

> On attribue souvent à Mohammed Ali la boutade suivante : Parlez de moi en bien ou en mal, mais parlez de moi ! C'est bien pour un boxeur ou un artiste, mais pour une entreprise, il vaut mieux qu'on en parle en bien. C'est le but des relations publiques.

Vos relations avec les médias locaux et régionaux seront bonnes dans la mesure où il s'agit d'une une relation donnant-donnant ou, en d'autres termes, gagnant-gagnant. Si vous organisez une conférence de presse ou si vous émettez un communiqué de presse dans l'espoir d'avoir de la publicité gratuite pour votre entreprise, ne vous surprenez pas si ce sont seulement les médias desquels vous avez déjà acheté de la publicité qui relatent l'événement. Les médias sont en concurrence entre eux et ils sont là pour faire fonctionner une entreprise rentable.

Par ailleurs, si vous devenez président du club Kiwanis ou de la chambre de commerce, ou encore directeur du festival d'été de votre municipalité, tous les médias concernés parleront de votre nomination. C'est l'avantage que l'on trouve à s'investir dans son milieu.

Au moment du lancement de votre entreprise, il est de coutume d'émettre un communiqué de presse ou, si la situation le permet, de convoquer une conférence de presse afin d'annoncer la création d'une nouvelle entreprise dans la région. Il s'agit d'une bonne nouvelle et les médias, comme la population, s'en réjouiront. Pour vous aider dans cette démarche, vous pouvez consulter le commissaire industriel ou la mairie. Ces derniers ont de l'expertise en ce domaine et ils se feront un plaisir de collaborer à un si heureux événement.

Un mot sur la représentation : régler des soupers dans les grands restaurants, payer le champagne ou des vacances à la mer à des clients potentiels... c'est peut-être au-dessus de vos moyens. Ces dépenses sont déductibles à 50 % de vos revenus, mais vous devez les débourser quand même et en assumer l'autre 50 %. Notre expérience nous dicte qu'un client qui insiste pour se « faire payer » de petites gâteries n'est probablement pas un bon client. Il n'encourage votre entreprise que le temps où vous le gâtez. Toutefois, lorsque vous faites des affaires avec un bon client, rien n'empêche, en certaines occasions, d'absorber les dépenses d'un déjeuner ou d'un dîner d'affaires.

## 10.5 JE BÂTIS L'IMAGE DE MON ENTREPRISE ET J'AUGMENTE MA CRÉDIBILITÉ

Toutes les formes de communication de l'entreprise, publicité, promotion, relations publiques, papeterie et correspondance (sans fautes), en passant par la décoration et la propreté des lieux, la tenue vestimentaire du dirigeant, la présentation du produit ou des rapports écrits et l'aspect extérieur des lieux, ont pour but de projeter une image professionnelle.

L'image doit être cohérente avec l'ensemble de votre plan de mise en marché et, à moins que vous ne préconisiez une stratégie contraire, votre image se doit d'être professionnelle et de refléter votre honnêteté. N'oubliez pas que tout ce qui émane de votre entreprise est identifié à celle-ci et la représente en tout temps et en tous lieux. Vous ne savez jamais où peut se retrouver votre carte professionnelle, la copie d'une lettre que vous avez écrite, un de vos rapports, etc.

> J'ai vécu une expérience intéressante la semaine dernière. Le téléphone a sonné et un monsieur Viger, de Grande Entreprise inc., m'a demandé d'aller le rencontrer. J'étais naturellement d'accord même si je ne savais trop à quoi m'attendre. Au début de notre rencontre, il m'a dit qu'un de nos clients communs lui avait envoyé une copie de mon rapport d'analyse afin de lui indiquer plus précisément ses besoins. Il a aimé ce qu'il a vu et m'a immédiatement téléphoné pour me voir en personne.

Pour bâtir cette image professionnelle, il faut porter une attention particulière à plusieurs éléments et tenir compte du fait que les gens, en général, croient ce qu'ils voient et touchent (vous vous rappelez de saint Thomas !). Ils ne sont pas télépathes, ils ne peuvent pas deviner votre compétence et votre professionnalisme. Vous devez leur en donner la preuve par tous les moyens possibles :

- le téléphone

« Allô ! », ce n'est pas assez. Que vous soyez à domicile ou que vous ayez pignon sur rue, il n'est pas professionnel de répondre par un seul « Allô ! ». Nommez l'entreprise ou votre nom.

Portez une attention particulière au message d'accueil de votre répondeur ou boîte vocale. Évitez les blagues, la petite musique avant et après le message, ne soyez pas trop long ni trop court, nommez l'entreprise et n'hésitez pas à changer votre message selon la situation.

> Bonjour, vous êtes bien chez Paul Gendron, ébéniste. Je suis absent de l'atelier pour la journée. Je serai de retour demain matin. Si vous voulez me laisser votre nom et votre numéro de téléphone, je vous rappellerai avec plaisir dès mon retour. Merci !

• la papeterie

Vous pouvez bien sûr imaginer et dessiner vous-même votre logo ou autres marques d'identité qui apparaîtront sur votre carte professionnelle, votre papeterie, vos emballages, votre enseigne, vos factures, etc. Nous vous suggérons cependant de faire appel à un spécialiste en la matière. Cela vous en coûtera plus cher au départ, mais la qualité de votre image professionnelle n'en sera que meilleure.

• la qualité

Comment définiriez-vous la qualité ? Il s'agit de donner au client ce dont il a besoin au prix qu'il est prêt à payer. Soyez uniforme dans votre production, qu'il s'agisse d'un service ou d'un produit. Certains de vos clients se connaissent ; il serait mal venu d'offrir moins à un client qu'à un autre, pour le même prix.

• le respect

Respectez non seulement les besoins de vos clients, mais aussi l'heure de vos rendez-vous et vos échéances. Évitez de tutoyer vos clients, à moins qu'ils ne vous le demandent explicitement. En toutes circonstances, faites preuve d'une politesse à toute épreuve... même si vous avez envie d'engueuler le client qui ne paie pas ou qui met la qualité de votre produit ou service en doute.

Le respect se transmet aussi par l'apparence de votre produit ou de votre service, de votre lieu de travail, voire de votre voiture : tout doit être impeccable.

• le suivi

Après que le client a utilisé votre produit ou votre service, demandez-lui s'il est satisfait et écoutez attentivement ses commentaires. Faites preuve d'un intérêt pour vous améliorer et remerciez-le de ses suggestions... même si vous n'êtes pas totalement d'accord.

• l'honnêteté

Être honnête est une preuve de professionnalisme. Vous vous êtes trompé, admettez-le. Le client vous a trop payé, remboursez-le. Vous n'êtes pas certain d'être en mesure de réaliser le mandat, de fournir la qualité voulue ou de respecter les délais demandés, dites-le. Soyez sans crainte, votre honnêteté sera remarquée. À court terme, vous perdrez peut-être le contrat, mais, à long terme, vous gagnerez un client fidèle.

• la présence

Soyez présent aux endroits et aux événements importants. Selon votre secteur d'activité, votre assistance aux soupers de la chambre de commerce, au colloque annuel, aux déjeuners de formation, aux 5 à 7 ou autres activités est très importante. Cette visibilité non seulement rappelle votre entreprise aux gens, mais elle démontre également votre intérêt pour ceux et celles qui se donnent la peine d'organiser ces activités.

Bâtir votre image professionnelle ne se fera pas en quelques minutes, vous devez y mettre le temps et l'énergie nécessaires. Ces efforts seront récompensés par une clientèle satisfaite et fidèle, qui parlera de vous en bien et qui n'hésitera pas à vous envoyer d'autres clients. Une fois votre clientèle établie et votre image professionnelle bien implantée, il vous restera à demeurer au courant des changements qui se produisent continuellement dans le marché.

## 10.6 JE RESTE AU FAIT DES TENDANCES DU MARCHÉ

L'un des secrets du succès des travailleurs autonomes, outre le fait d'avoir une bonne idée et un bon plan de mise en marché, est de rester au fait des tendances du marché. Il faut savoir vers quoi tendent les désirs des clients, quelles sont les nouveautés dans le domaine et qui sont les nouveaux concurrents. Bref, il faut être informé pour rester dans le circuit.

Quels sont les moyens à votre disposition ? Vos clients, votre réseau d'affaires et votre parrain ou marraine d'affaires, les journaux et les revues qui concernent votre secteur d'activité et les affaires en général, et votre participation à des regroupements d'affaires, à des activités de formation, à des colloques ou à des congrès.

Portez attention à ce que vous entendez ou lisez, surtout les critiques. Si elles ont une intention constructive, tenez-en compte. Ne vous jouez pas le vilain tour de penser que votre produit ou votre service est parfait et qu'il ne peut être amélioré. Si vous ne suivez pas la demande, l'évolution des besoins de votre clientèle et du marché, d'autres le feront à votre place.

## 10.7 EN RÉSUMÉ

- Plus souvent qu'autrement, le travailleur autonome se vend lui-même ; il faut donc qu'il ait confiance en lui, qu'il soit passionné et préparé et, surtout, qu'il projette une image professionnelle.
- La publicité et la promotion sont des moyens d'attirer et de conserver sa clientèle. Quoique chers, ils peuvent rapporter beaucoup.
- La publicité gratuite, celle qu'on obtient en s'investissant dans les relations publiques, permet de se faire connaître à meilleur coût.
- Le travailleur autonome doit porter une attention particulière à son image, à la façon dont il sera perçu par la clientèle. Il doit prouver son professionnalisme et son honnêteté au quotidien.

- Pour continuer à avoir du succès, le travailleur autonome doit demeurer au fait des tendances du marché.

## Avant d'aller plus loin

### *Exercice 10 :* Ma mise en marché

Afin de préparer votre mise en marché, réfléchissez aux questions suivantes :

- Quel est le message que je veux faire passer à ma clientèle ?
- Quels seront les moyens privilégiés pour faire passer ce message et rejoindre ma clientèle ?
- Quelle est l'image que je veux projeter ? Comment vais-je m'y prendre pour que cette image reflète mon professionnalisme et mon honnêteté ?
- Que font mes concurrents en matière de publicité, de promotion ou de relations publiques ?
- Vais-je m'investir dans les relations publiques ? Si oui, comment ?

## Pour aller plus loin

La mise en marché est un sujet passionnant. Si vous voulez approfondir le sujet, voici quelques volumes qui recèlent plein de petits trucs pratiques.

CHIASSON, Marc. *Marketing gagnant : pour petit budget*, collection Entreprendre, Les Éditions Transcontinental inc. et Fondation de l'Entrepreneurship, Montréal et Charlesbourg, 1995.

DUPONT, Luc. *1001 trucs publicitaires, 2e éd.*, collection Les Affaires, Les Éditions Transcontinental inc., Montréal, 1993.

LALANDE, Jacques. *Profession vendeur : vendez plus et mieux,* collection Entreprendre, Les Éditions Transcontinental inc. et Fondation de l'Entrepreneurship, Montréal et Charlesbourg, 1995.

SAMSON, Alain. *Communiquez ! Négociez ! Vendez ! : votre succès en dépend*, collection Entreprendre, Les Éditions Transcontinental inc. et Fondation de l'Entrepreneurship, Montréal et Charlesbourg, 1996.

CHAPITRE 11

# Mon temps et mes priorités

• • •

*- Il est arrivé !...*
*- Oui, mais dans quel état !*

ALEXANDRE DUMAS fils

• • •

Vous courez partout. Vous vous épuisez. Vous tournez en rond. Plus rien ne va. Vous êtes stressé. Que faire ? Il vous faut mieux gérer votre temps et vos priorités, et garder du temps pour vous.

Gérer convenablement sa vie personnelle tout comme sa vie professionnelle est un gage de succès en affaires. On ne saurait séparer les deux, car être en forme et avoir l'esprit clair aident à prendre de meilleures décisions et à être positif envers les clients et soi-même. Comme travailleur autonome, vous êtes la personne la plus importante de l'entreprise : soignez-vous aux petits oignons.

## 11.1 QUELQUES TRUCS POUR GÉRER SON STRESS

Dans la vie d'un travailleur autonome, il y a de bons stress : le défi des affaires, le goût du risque, la joie d'en « mener large ». Il y a par contre des stress négatifs tels que la fatigue après une longue journée de travail, le malaise à la suite d'une erreur, la dépendance envers les clients, etc. Tous ne réagissent pas de la même façon au stress, et tous ne sont pas influencés par les mêmes choses.

Il faut mettre le stress de son côté et éprouver du plaisir à faire ce que l'on fait. Facile à dire, direz-vous.

- Il faut investir dans sa vie professionnelle tout en pensant à l'importance de conserver des moments à soi et une vie privée. Il est dangereux de ne s'investir que dans son travail. À long terme, cela représente un danger pour la santé. Les Américains ont même inventé le terme de « workaholic » (alcoolique du travail).

- Vous devez demeurer maître de votre temps et de vos priorités. On ne peut faire plaisir à tout le monde, c'est connu. Vous devez définir vos priorités. On peut être au service de clients sans en être les esclaves.
- Vous ne devez pas laisser le désordre vous envahir. En affaires, il y a toujours des choses que l'on n'aime pas faire. C'est souvent le cas pour la paperasse administrative et on oublie de s'en occuper. Plusieurs négligent leurs comptes clients. Attention : une croissance trop rapide peut mener à délaisser la qualité des services par manque d'organisation ou de temps.
- Il est important de ne pas oublier de gérer vos finances personnelles avec intelligence. On constate que certaines personnes sont « sérieuses » en affaires et « immatures » en ce qui concerne leurs finances personnelles. Il arrive souvent aussi qu'une personne nouvellement en affaires qui brasse des sommes d'argent relativement importantes vive une certaine euphorie et dépense sans compter...

> Suzanne nous a raconté ceci : « Lorsque j'ai lancé mon entreprise, je faisais de l'argent, mais je menais la grande vie. L'argent roulait mais en fin d'année, j'étais obligée d'emprunter pour payer mes impôts. Maintenant, cela n'arrive plus. »

## 11.2 IL NE FAUT PAS OUBLIER SA VIE PRIVÉE

Faire croire aux gens que le travail autonome est la *dolce vita* tous les jours serait mentir. Souvent, vous avez à investir beaucoup de temps dans votre entreprise, surtout au moment du démarrage. Ce ne sera jamais la routine du 9 à 5, soyez-en sûr. Le défi est grand, mais les résultats peuvent être à la hauteur de vos espérances : une certaine aisance financière, le goût de l'indépendance, le sentiment que l'on a réussi par soi-même. Cela ne se mesure pas qu'en termes financiers. Certes, il faut investir de l'argent, du temps et même son affectivité dans sa micro-entreprise. Mais il ne faut pas oublier sa vie privée, son conjoint, ses enfants et ses amis.

Cela aurait pu tourner mal. Ma femme en avait assez de me voir toujours parti chez les clients. J'ai compris qu'il fallait un équilibre entre le travail et la vie de couple. J'ai réagi à temps.

Comment concilier sa vie professionnelle et sa vie personnelle ? Cela dépend évidemment de chaque personne. Nous ne vivons pas tous les mêmes réalités, nous n'avons pas tous les mêmes besoins. Certaines personnes ne peuvent dissocier leur vie professionnelle de leur vie privée. Certains couples fondent une micro-entreprise ensemble et cela les rend heureux.

La parfaite harmonie : dans notre micro-entreprise de peintre en bâtiment, je m'occupe de faire la comptabilité, de préparer la publicité, de répondre aux appels d'offres et d'aller chez le client faire les devis. Mon mari, lui, il peint. On se complète bien.

Voici quelques trucs qui peuvent vous être utiles :

- Il faut s'évader de la maison et de son entreprise de temps en temps.

Mon conjoint est travailleur autonome. Je ne le vois pas souvent. Mais, une fois par mois, on va passer une fin de semaine à Québec, seuls, sans les enfants ni la *business*. Je crois que c'est essentiel à sa réussite et à notre vie de couple.

- Il faut faire un peu de sport, ne serait-ce qu'une bonne marche. Il faut que le corps puisse s'adapter au rythme du travail.
- Il est bon d'avoir des amis qui évoluent dans des milieux d'affaires différents du nôtre. Parler toujours de la même chose, être toujours avec le même monde peut être lassant à la longue.
- Récompensez-vous lorsque vous avez atteint vos objectifs. Souvent on dit qu'un employé, pour être motivé, doit recevoir des récompenses, en argent ou autres. Et vous, alors !

Je me fixe des objectifs mensuels de vente et, si je les atteins, je me fais un cadeau. Ça peut être une soirée de hockey au centre Molson ou encore un bon souper au restaurant.

### 11.3 IL FAUT BIEN GÉRER SON TEMPS

La gestion de son temps est l'une des difficultés auxquelles doit faire face la personne qui se lance en affaires. Elle ne sait où donner de la tête, où mettre ses priorités. Une journée est vite passée.

Votre cas n'est pas unique. Consolez-vous !

- Qu'est-ce qui peut vous faire gaspiller du temps ? D'où viennent ces gaspillages de temps ?

Nous gaspillons tous du temps. Cela entraîne de la frustration, surtout lorsque l'on fait quelque chose de moins important ou de moins plaisant que ce que l'on pourrait faire. Il existe deux sources de gaspillage du temps : l'environnement et soi-même. Il faut prendre conscience de ce qui entraîne le gaspillage du temps si on veut l'éviter, même s'il est parfois difficile d'y échapper.

Venant de soi-même, plusieurs raisons peuvent nous faire perdre du temps :

- J'avais une mauvaise organisation. Voici les solutions que j'ai trouvées pour épargner du temps : me servir d'un agenda, gérer selon ce qui est important, indiquer par écrit toutes les choses essentielles, etc.
- Je remets à plus tard. Il faut savoir quand démarrer une activité, mais il faut savoir également quand l'exécuter et la terminer.
- Je suis incapable de dire non. Il y a de ces personnes qui n'aiment pas déplaire. Il faut apprendre à dire non, avec tact naturellement
- Je suis saturé, j'ai trop de travail et je ne finis rien. Il existe une limite où l'on n'est plus productif. Vous aurez à connaître la vôtre.

- Je bavarde inutilement. Il y a le bon et le mauvais bavardage. On apprend avec l'expérience.
- Je suis perfectionniste. Tout extrême peut devenir mauvais. Être perfectionniste n'est pas une mauvaise chose en soi, mais elle peut nous éloigner de l'action et « geler » nos décisions. Le perfectionnisme peut également nous éloigner de nos priorités.

Quelquefois, on n'est pas responsable de la perte de temps. Les activités grugeuses de temps qui nous sont imposées peuvent être nombreuses :

- les visiteurs non sollicités ;
- les appels téléphoniques ;
- le courrier ;
- les temps d'attente ;
- les réunions ;
- les urgences.

Étudiez chacune d'elles et voyez comment mieux les gérer. Que faire si vous vivez cette situation ?

### 11.3.1 Quelques trucs pour mieux gérer votre temps

- Ayez de l'ordre. Arrêtez quelques minutes par jour pour mettre de l'ordre dans vos affaires.

> Tous les soirs, je prends cinq minutes pour réfléchir sur ce que j'ai fait dans la journée et planifier le lendemain. J'ai même un cahier où j'écris les choses importantes. Je garde ces cahiers depuis quelques années.

- Prenez l'habitude de finir ce que vous faites.

> Je suis bon pour aller chercher des contrats de peinture. En conséquence, je commençais plein de « chantiers », mais il m'arrivait souvent de les finir en retard. Les clients n'aiment pas cela et tout vient à se savoir dans une petite ville.

- Accomplissez le travail que vous n'aimez pas ou le travail très important tôt dans la journée ou au moment où vous vous sentez le plus en forme.

Je n'aime pas recouvrer les comptes. Je remettais toujours cette tâche et cela me posait des problèmes de liquidités. Quand je le faisais, c'était le vendredi après-midi. Je détestais encore plus cela. Maintenant, je le fais le lundi matin. Je suis en forme et je déteste moins cela.

- Laissez tomber certaines tâches lorsque vous en avez vraiment trop ; déléguez à des sous-traitants de confiance.

Il faut que je l'avoue, je faisais trop de choses, et je ne les faisais pas toutes bien. Maintenant, je délègue un peu à des gens de confiance. C'est mieux ainsi.

- Apprenez à dire « non ».

Je me suis lancé en affaires dans le domaine de l'arpentage-géométrie. J'étais reconnu pour ma compétence et mon côté « social ». Pour avoir des clients, je faisais beaucoup de social. Je ne pouvais dire non à un comité, à la chambre de commerce, etc. Finalement, j'avais de la difficulté à juger entre les activités qui m'apportaient des clients et celles qui ne m'en apportaient pas. Depuis un an, j'ai appris à dire « non » et mon entreprise ne s'en porte pas plus mal. Au contraire !

- Limitez vos conversations sociales.

J'aime trop le monde. Je perds un temps fou à faire du social au bureau, au téléphone. Pendant ce temps-là, je ne travaille pas.

- Gérez vos appels téléphoniques par priorité.

Avant, je rappelais les gens selon l'ordre d'entrée des appels. Maintenant, je le fais selon mes priorités en m'assurant de bien avoir rappelé tout le monde. De plus, dans la mesure du possible, j'essaie de concentrer mes appels téléphoniques à des moments précis de la journée, ce qui m'est rendu possible grâce au service de réponse téléphonique auquel je me suis abonné.

- Lorsque vous êtes obligé d'attendre, faites quelque chose d'utile.

  Je déteste attendre, mais quelquefois on n'a pas le choix. Au lieu de « niaiser », j'ai toujours dans ma serviette des revues et des livres spécialisés. Cela me relaxe et m'informe sur les nouveautés.

- Rationalisez les crises.

  Lorsque je perdais un client, j'étais peiné et j'avais de la difficulté à dormir. Maintenant, lorsque je perds un client, j'étudie objectivement le pourquoi de son geste. On appelle cela de la rationalisation.

### 11.3.2 Que faire quand on est débordé ?

Tout va bien, les commandes rentrent et les clients affluent. Mais vous êtes débordé et vous ne savez que faire. Vous êtes en retard dans votre comptabilité, dans vos comptes fournisseurs et dans vos comptes clients. Attention !

Votre conjoint ne peut plus endurer votre désordre à la maison. Ou encore, vos jeunes enfants vous menacent de partir chez leur tante avec leurs baluchons. Attention !

Il faut agir. Que faire ?

- Engagez des ressources supplémentaires. Même si cela exige des dépenses, parfois, il faut engager du personnel temporairement ou sous-traiter certaines activités. Il vaut mieux engager certaines dépenses que de perdre des clients.
- Déléguez des activités. Étudiez ce que vous faites dans une semaine. Voyez ce que vous pourriez déléguer à un sous-traitant ou à un autre travailleur autonome. Faites-le et surpervisez le travail au début pour vérifier s'il est bien fait. Vous pourrez ainsi vous consacrer à l'essentiel.
- Dans certains cas, il est préférable de ne servir que les clients les plus rentables. Il y a des clients plus payants que d'autres.

Accordez la priorité à ceux-ci. Il vaut mieux refuser un client que de mal servir ceux que l'on a déjà. Réfléchissez bien avant de prendre ce genre de décision. Certains clients ne sont pas payants en termes d'argent, mais ils peuvent vous en envoyer d'autres.

- Arrêtez ! Oui, vous avez bien lu. Arrêtez quelques minutes afin de faire le point, de planifier, de choisir ce qu'il est important de faire maintenant et ce qui peut être remis. Revenez à vos objectifs personnels et professionnels de base, à votre vision et faites des choix.
- Enfin, n'attendez pas que le chaos s'installe. Commencez dès maintenant à gérer votre temps et vos priorités. L'exercice 11 à la fin du chapitre vous propose un guide en ce sens.

### 11.3.3 Que faire dans les temps morts ?

Bien heureux celui qui a du temps libre parce qu'il a bien travaillé. Bien malheureux celui qui a du temps libre parce que les clients ne se bousculent pas à la porte. À ces deux situations, nous avons des solutions.

Si les clients ne se bousculent pas à la porte, partez en recrutement. Prenez le téléphone, votre clavier d'ordinateur et votre connexion Internet ou votre manteau et allez-y, vendez !

Si vous avez bien travaillé, reposez-vous, planifiez un peu ou tirez une occupation dans le « bol à petites jobs ». Le quoi ?

Prenez un bol, le plus laid et inutile. Ensuite, écrivez sur de petits bouts de papier toutes les petites tâches que vous avez à faire dans la maison, autour de la maison, dans le bureau, etc. Quand vous avez un temps mort, tirez un petit bout de papier. Si la petite tâche qui y est inscrite nécessite justement le temps dont vous disposez, faites-la. Si le temps requis est trop long (peindre toute la maison, par exemple), remettez le petit papier dans le bol et pigez-en un autre.

Vous verrez, avec le temps, vous finirez par vider votre « bol à petites jobs », à moins que quelqu'un dans votre entourage se fasse un plaisir d'y déposer ses propres petits papiers...

## 11.4 EN RÉSUMÉ

- Pour gérer son stress, rien de mieux que de gérer son temps et ses priorités.
- Le travailleur autonome doit établir l'équilibre entre sa vie personnelle et sa vie professionnelle.
- Une des premières étapes d'une saine gestion du temps est de repérer nos « grugeurs » de temps, et ce, afin de mieux les contrôler.
- La gestion du temps et des priorités relève de l'action. Il est bien de planifier, mais il faut aussi agir.

### *Exercice 11 :* Je gère mon temps

**Les causes de gaspillage du temps**

Après avoir lu ce qui concerne les causes du gaspillage de temps et la manière de les traiter, prenez quelques minutes pour examiner votre propre situation. Dressez une liste aussi longue que possible de ce qui, par expérience, vous a fait gaspiller du temps. Choisissez ensuite les trois raisons les plus sérieuses et réfléchissez aux façons de les traiter.

Quelles causes de gaspillage de votre temps surviennent par votre faute ? Quelles causes surviennent par la faute des autres ?

À partir de cette liste, choisissez les trois raisons les plus sérieuses. Quelles sont-elles ? Combien de temps consomment-elles ? Qui en est responsable ?

Dressez la liste des moyens possibles pour réduire les effets de ces causes de ce gaspillage de temps.

**Organisez-vous dès maintenant**

La gestion du temps et des priorités ne diffère pas de la gestion générale ; il s'agit de planifier, d'organiser, de diriger et de contrôler. Voyons voir !

Planifier (une fois par année, une fois par mois et une fois par semaine) :

- Formulez des objectifs à atteindre (chapitre 2) ; ces objectifs doivent être d'ordre professionnel autant que personnel et ils doivent toucher des points importants pour votre travail autonome, le recrutement des clients par exemple.
- Décortiquez ces objectifs en sous-objectifs et en tâches à accomplir ; par exemple, pour le sous-objectif de visiter deux nouveaux clients par semaine, la tâche pourrait être de téléphoner aux membres de votre réseau d'affaires pour obtenir des références.
- Établissez un échéancier pour accomplir toutes ces tâches. Précisez les dates du début et de la fin des travaux, sans oublier d'y inclure des périodes « tampons », au cas où !

Organiser (de façon générale, une fois par année et de façon plus détaillée, une fois par mois et une fois par semaine) :

- Vérifiez si vous avez les ressources nécessaires pour accomplir toutes les tâches désignées. Si vous devez utiliser votre imprimante, assurez-vous d'avoir assez de papier et d'encre. Il est très frustrant et très « grugeur » de temps de devoir tout arrêter pour aller acheter une caisse de papier.
- Évaluez le temps requis pour réaliser chacune des tâches. C'est le plus difficile. Au début, vous vous accorderez trop ou pas assez de temps mais, à la longue, vous deviendrez un expert en la matière.

- Inscrivez immédiatement les tâches à accomplir à votre agenda en précisant le temps accordé à chacune. Cette façon de faire vous permettra de ne rien oublier, et même de planifier des mois à l'avance.
- Prenez la peine de vous garder du temps dans votre agenda. Utilisez un crayon noir et « faites une barre » sur certaines journées ou périodes de la journée.

Diriger (une fois par semaine et tous les jours) :

- Ordonnez les tâches à accomplir pour la journée, selon leur priorité. Interrogez-vous sur les tâches qui vous rapprochent le plus de vos objectifs. Vous avez un rapport à finir pour un client important, c'est une priorité 1. Vous devez réserver l'avion et l'hôtel pour vos prochaines vacances, c'est aussi une priorité 1.
- Accomplissez vos tâches quotidiennes en débutant par la plus importante, celle qui a la priorité la plus élevée (réserver l'avion et l'hôtel pour vos prochaines vacances ?).

Contrôler (tous les jours) :

- À la fin de la journée, vérifiez si vous avez accompli toutes les tâches que vous vous êtes données, dans le temps que vous vous étiez imparti.
- Si oui, félicitez-vous !
- Si non, évaluez pourquoi et reportez les tâches non terminées au lendemain. Parmi les « pourquoi », vous trouverez certainement certains grugeurs de temps dont nous avons déjà discuté. Essayez de les enrayer. Il est aussi possible que des urgences soient survenues. Même avec la meilleure planification, il peut toujours survenir des « actes de Dieu » qui empêchent d'atteindre tous les objectifs de la journée. Vous avez peut-être mal évalué le temps requis ; vous ferez mieux la prochaine fois !

- Enfin, ajustez les étapes précédentes (planification, organisation et direction) selon les résultats que vous avez atteints.

Si vous suivez ce petit guide chaque jour, vous deviendrez de plus en plus efficace dans la gestion de votre temps. Vous saurez déterminer l'ordre de priorité de vos tâches, évaluer le temps requis pour les accomplir et, finalement, avoir du temps pour vous.

Pour vous aider dans votre planification journalière, nous vous présentons, à la page suivante, un petit document que vous pourrez reproduire et utiliser pour déterminer l'ordre de priorité de vos tâches.

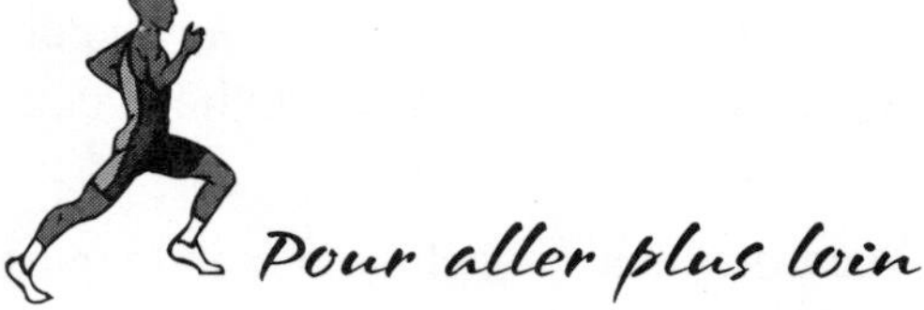


Si la gestion du temps vous intéresse, nous vous suggérons ici deux livres qui traitent du sujet en vous proposant des exercices et des guides pour apprendre à apprivoiser le temps.

CÔTÉ, Marcel (avec la collaboration de Emmanuel Kamdem). *Maître de son temps : parce que chaque minute compte !*, Les Éditions Transcontinental inc., Montréal, 1993.

HAYNES, Marion E. *L'art de manager son temps*, collection 50 minutes pour réussir, Les presses du Management, Paris, 1994.

## À FAIRE AUJOURD'HUI

URGENT DATE : ______________________________ FAIT

✓ ✓

❑ 1. ____________________ ❑
❑ 2. ____________________ ❑
❑ 3. ____________________ ❑
❑ 4. ____________________ ❑
❑ 5. ____________________ ❑
❑ 6. ____________________ ❑
❑ 7. ____________________ ❑
❑ 8. ____________________ ❑
❑ 9. ____________________ ❑
❑ 10. ____________________ ❑
❑ 11. ____________________ ❑
❑ 12. ____________________ ❑
❑ 13. ____________________ ❑
❑ 14. ____________________ ❑
❑ 15. ____________________ ❑
❑ 16. ____________________ ❑
❑ 17. ____________________ ❑
❑ 18. ____________________ ❑
❑ 19. ____________________ ❑
❑ 20. ____________________ ❑

CONCLUSION

# L'ennemi public numéro 1 du travailleur autonome, l'isolement

• • •

*La solitude est à l'esprit ce que la diète est au corps, mortelle lorsqu'elle est trop longue, quoique nécessaire.*

VAUVENARGUES, Pensées et maximes

• • •

Tout au long de ce volume, un thème est revenu à quelques reprises et nous l'avons peu exploré : l'isolement qui guette le travailleur autonome. Étant seul aux commandes de votre entreprise, sans employés, sans collègues, sans patron, vous êtes seul dans la prise de décision. Cet isolement est dangereux, car vous n'avez personne avec qui discuter, personne qui fait rebondir vos idées, personne à qui vous comparer pour vous consoler !

Pour éviter cet isolement, plusieurs conseils donnés dans ce livre dans d'autres contextes s'appliquent. Laissez-nous, en guise de conclusion, vous les rappeler en les présentant sous cette nouvelle optique.

*Votre réseau d'affaires :* Formez un petit groupe de quatre personnes, vous y compris, et partagez, une fois par mois, un repas au restaurant. Discutez de tout et de rien, et d'affaires. Gardez le contact avec ce petit groupe et avec les autres membres de votre réseau d'affaires.

*Votre parrain ou votre marraine d'affaires :* Allez voir votre parrain ou votre marraine d'affaires non seulement en cas de problème ou de besoin, mais aussi pour converser et parler de vos idées.

*La formation :* La formation vous aidera non seulement à développer des compétences, mais vous permettra aussi de rencontrer des gens fort intéressants avec qui partager des idées. Les colloques et les congrès contribuent également à briser l'isolement du travailleur autonome.

*Les relations sociales :* Sortez ! il faut rencontrer des gens qui parlent d'autres choses que des affaires ; votre engagement dans un club social vous permettra de parler avec des gens de sujets qui vous changeront les idées. Ce n'est pas bête, une fois de temps à autre.

*Les regroupements :* Engagez-vous dans un club de nouveaux entrepreneurs, dans un club du réseau entrepreneurship jeunesse ou dans la jeune chambre de commerce. Vous pourrez commencer à bâtir votre réseau d'affaires ou le compléter et discuter avec des personnes qui vivent les mêmes problèmes et succès que vous. (Communiquez avec les service d'aide aux jeunes entrepreneurs de votre région pour connaître les clubs qui y ont été mis sur pied.)

* * *

Nous espérons que ce livre vous a plu et que les conseils que nous vous y avons donnés vont vous aider. Si vous avez des suggestions ou des commentaires à nous adresser au sujet de ce livre, faites-les-nous parvenir par le biais de l'éditeur. Nous serons ravis de recevoir de vos nouvelles et, pour suivre nos propres conseils, nous attendons avec impatience toutes critiques constructives.

# Bibliographie

BÉGIN, Jean-Pierre et L'HEUREUX, Danielle. *Des occasions d'affaires : 101 idées pour entreprendre*, collection Entreprendre, Les Éditions Transcontinental inc. et Fondation de l'Entrepreneurship, Montréal et Charlesbourg,1995.

BELLEY, André, DUSSAULT, Louis et LAFERTÉ, Sylvie. *Comment rédiger son plan d'affaires à l'aide d'un exemple de projet d'entreprise*, collection Entreprendre, Les Éditions Transcontinental inc. et Fondation de l'Entrepreneurship, Montréal et Charlesbourg, 1996.

BERGERON, Pierre G. *La gestion dynamique : concepts, méthodes et applications, 2e éd.* Gaëtan Morin éditeur, Boucherville, 1995.

BROUILLETTE, Jean-Pierre. *Vendre aux entreprises : la communication d'entreprise à entreprise*, Les Éditions Transcontinental inc., Montréal, 1992.

CARRIER, Serge. *Le marketing et la PME : l'option gagnante*, collection Entreprendre, Les Éditions Transcontinental inc. et Fondation de l'Entrepreneurship, Montréal et Charlesbourg, 1994.

CHIASSON, Marc. *Marketing gagnant : pour petit budget*, collection Entreprendre, Les Éditions Transcontinental inc. et Fondation de l'Entrepreneurship, Montréal et Charlesbourg, 1995.

CÔTÉ, Marcel (avec la collaboration de Emmanuel Kamdem). *Maître de son temps : parce que chaque minute compte !*, Les Éditions Transcontinental inc., Montréal, 1993.

DELL'ANIELLO, Paul. *Un plan d'affaires gagnant : ne partez pas sans lui, 3e éd.*, Les Éditions Transcontinental inc., Montréal, 1994.

DOUVILLE, Pierre A. *Le crédit en entreprise : pour une gestion efficace et dynamique*, collection Entreprendre, Les Éditions Transcontinental inc. et Fondation de l'Entrepreneurship, Montréal et Charlesbourg, 1993.

DUBUC, Yvan. *La passion du client : viser l'excellence du service*, Les Éditions Transcontinental inc., Montréal, 1993.

DUPONT, Élaine et GAULIN, Huguette. *Se lancer en affaires : les étapes pour bien structurer un projet d'entreprise, 3e éd.*, Les Publications du Québec, Québec, 1994.

FILION, Louis Jacques. *Visions et relations : clefs du succès de l'entrepreneur*, Les éditions de l'entrepreneur, Montréal, 1991.

FORTIN, Paul-Arthur. *Devenez entrepreneur : pour un Québec plus entrepreneurial, 2e éd.*, collection Entreprendre, Les Éditions Transcontinental inc., Fondation de l'Entrepreneurship, les Presses de l'Université Laval, Montréal, Charlesbourg et Sainte-Foy, 1992.

FORTIN, Régis. *Comment gérer son fonds de roulement : pour maximiser sa rentabilité*, collection Entreprendre, Les Éditions Transcontinental inc. et Fondation de l'Entrepreneurship, Montréal et Charlesbourg, 1995.

GASSE, Yvon et D'AMOURS, Aline. *Profession entrepreneur : avez-vous le profil de l'emploi ?*, Les Éditions Transcontinental inc. et Fondation de l'Entrepreneurship, Montréal et Charlesbourg, 1993.

GOUVERNEMENT DU QUÉBEC. *Connaître ses clients et leurs besoins : guide pratique d'analyse de besoins*, Les Publications du Québec, Québec, 1992.

GOUVERNEMENT DU QUÉBEC. *La PME au Québec : état de la situation 1994*, Direction des communications, ministère de l'Industrie, du Commerce, de la Science et de la Technologie, Québec, 1995.

GOUVERNEMENT DU QUÉBEC. *Guide : fonder une entreprise, 6e éd.*, Communication-Québec, ministère des Relations avec les citoyens et de l'Immigration, Québec, 1997.

GOUVERNEMENT DU QUÉBEC. *Les principales formes juridiques de l'entreprise au Québec, 2e éd. revue et corrigée*, Les Publications du Québec, Québec, 1994.

HAYNES, Marion E. *L'art de manager son temps*, collection 50 minutes pour réussir, Les presses du Management, Paris, 1994.

JULIEN, Pierre-André et MARCHESNAY, Michel. *L'entrepreneuriat*, collection Gestion Poche, Économica, Paris, 1996.

JULIEN, Pierre-André et MORIN, Martin. *Mondialisation de l'économie et PME québécoises*, Les Presses de l'Université du Québec, 1995.

LAFERTÉ, Sylvie. *Comment trouver son idée d'entreprise : découvrez les bons filons, 2e éd.*, collection Entreprendre, Les Éditions Transcontinental inc. et Fondation de l'Entrepreneurship, Montréal et Charlesbourg, 1993.

LAFERTÉ, Sylvie. *Le choix et l'utilisation d'un consultant en gestion : comment tirer le maximum d'un projet de consultation*, ministère de l'Industrie, du Commerce et de la Technologie, Québec, 1990.

LALANDE, Jacques. *Profession vendeur : vendez plus et mieux,* collection Entreprendre, Les Éditions Transcontinental inc. et Fondation de l'Entrepreneurship, Montréal et Charlesbourg, 1995.

LANGLOIS, Michel et TOCKER, Gérard. *Marketing des services : le défi rationnel*, Gaëtan Morin éditeur, Boucherville, 1992.

MARTEL, Louise et ROUSSEAU, Jean-Guy. *Le gestionnaire et les états financiers, 2e éd.*, collection Mercure Sciences comptables, Les Éditions du Renouveau pédagogique inc., Ottawa, 1993.

NADEAU, Jean Benoît. *Le guide du travailleur autonome : tout savoir pour faire carrière chez soi*, Québec / Amérique, Montréal, 1997.

PICHER, Claude, « *La révolution des autonomes* », *La Presse*, jeudi 16 janvier 1997, page E3.

SALLENAVE, Jean-Paul et D'ASTOUS, Alain. *Le marketing : de l'idée à l'action, 2e éd.*, Éditions Vermette inc., Boucherville, 1990.

SAMSON, Alain. *Communiquez ! Négociez ! Vendez ! : votre succès en dépend*, collection Entreprendre, Les Éditions Transcontinental inc. et Fondation de l'Entrepreneurship, Montréal et Charlesbourg, 1996.

SAMSON, Alain (en collaboration avec Paul Dell'Aniello). *Devenez entrepreneur - plan d'affaires,* Les Éditions Transcontinental inc. et Fondation de l'Entrepreneurship, Montréal et Charlesbourg, 1996 (disquettes et cédérom).

SAMSON, Alain. *J'ouvre mon commerce de détail : 24 activités destinées à mettre toutes les chances de votre côté*, collection Entreprendre, Les Éditions Transcontinental inc. et Fondation de l'Entrepreneurship, Montréal et Charlesbourg, 1996.

SOLIS, Michel (collaboration de Violaine Lemay). *Votre PME et le droit : enr. ou inc. ?, raison sociale, marques de commerce... et le nouveau Code civil, 2e éd.*, collection Entreprendre, Les Éditions Transcontinental inc. et Fondation de l'Entrepreneurship, Montréal et Charlesbourg, 1994.

VAN COILLIE-TREMBLAY, Brigitte et DUBUC, Yvan. *En affaires à la maison : le patron c'est vous* !, collection Entreprendre, Les Éditions Transcontinental inc. et Fondation de l'Entrepreneurship, Montréal et Charlesbourg, 1994.

# Quelques bonnes adresses dans Internet

Les travailleurs autonomes ont tout intérêt à utiliser Internet, autant pour demeurer au courant de ce qui se passe dans leur secteur d'activité que pour offrir leurs services. Nous avons fait quelques recherches pour vous et avons relevé certains sites intéressants.

Les sites que nous vous proposons sont surtout des sites gouvernementaux ou issus d'organismes reconnus, puisque ceux-ci ont plus de chances de garder leur adresse et de ne pas tomber dans les limbes de l'autoroute électronique. Cela arrive malheureusement très souvent.

Voici quelques sites qui vous permettront non seulement d'avoir accès à de l'information, mais aussi d'établir des liens avec d'autres sites traitant du même sujet ou de sujets connexes.

**http://strategis.ic.gc.ca**

STRATEGIS - Industrie Canada

Ce site donne beaucoup de renseignements, notamment sur les occasions d'affaires et les services aux entreprises d'Industrie Canada. Par ce STRATEGIS, vous pouvez accéder à CONTACT (soutien et services aux entreprises — Contact). Vous y découvrirez des logiciels, un guide des programmes d'aide, une bibliographie, un site causerie d'affaires et plus encore.

**http://www.bdc.ca**

Banque de développement du Canada

Dans ce site, si vous cliquez à Centre de la PME, au haut de l'écran, vous trouverez des renseignements sur le calcul des ratios financiers et leur analyse.

**http://www.bfdrq-fordq.gc.ca**

Bureau fédéral de développement régional (Québec)

On y retrouve un plan marketing très intéressant de même qu'un lien avec CENTRACCÈS PME qui offre une foule de renseignements sur le monde des affaires.

**http://www.carrefour.net**

Site de recherche québécois qui présente une rubrique affaires très intéressante.

**http://www.cbsc.org**

Info Entrepreneurs

Il s'agit d'une base de données sur les programmes d'aide financière et technique s'adressant aux entrepreneurs (et aux travailleurs autonomes naturellement).

**http://www.comm-qc.gouv.qc.ca**

Communication-Québec

Ce site vous permet d'avoir accès à plusieurs documents, dont le guide *Fonder une entreprise*.

**http://www.entrepreneurship.qc.ca**

Fondation de l'Entrepreneurship

Le site de la Fondation de l'Entrepreneurship présente un centre de documentation, une page sur l'entrepreneurship jeunesse, les publications de la collection Entreprendre et un questionnaire d'évaluation des caractéristiques entrepreneuriales. Dans les liens suggérés, vous trouverez plusieurs sites d'intérêt pour vous, dont les Chroniques PME. Allez-y, c'est un « must ».

**http://www.globalx.net/ocd/minding/mind-fre/index-f.htlm**

Développement des ressources humaines Canada

Vous trouverez ici un petit guide de démarrage d'entreprise intitulé *Occupez-vous de vos affaires*.

**http://www.micst.qc.ca**

Ministère de l'Industrie, du Commerce, de la Science et de la Technologie

Ce site présente des faits, des documents, dont un modèle de plan d'affaires, et il présente les services offerts par le MICST.

**http ://www.partagiciel.com**

Un site pour trouver des partagiciels d'affaires en version PC et MAC.

**http://www.statcan.ca**

Statistique Canada

Pour trouver des statistiques, ce site est parfait... mais il faut payer pour obtenir de l'information précise.

**http://www.toile.qc.ca**

Toile du Québec

Site de recherche franchement francophone, il vous permet de vous inscrire gratuitement dans un bottin de travailleurs autonomes. Au 21 mai 1997, on y trouvait 62 catégories de travailleurs autonomes !

# Un exemple de plan d'affaires pour un travailleur autonome

Dans les pages qui suivent, vous trouverez un exemple complet de plan d'affaires pour une travailleuse autonome. Il s'agit d'un plan d'affaires réel où nous avons changé quelques renseignements personnels concernant la promotrice du projet et les membres de son équipe entrepreneuriale.

Les données financières ont été arrondies afin de faciliter la présentation. De plus, certaines annexes n'ont pas été présentées ; il s'agit notamment des factures et des soumissions reliées au projet.

Ce plan d'affaires a été préparé pour une demande d'aide financière dans le cadre du programme Travail indépendant (TI) de la direction des Ressources humaines Canada. Ce programme est administré par les sociétés d'aide aux développement des collectivités.

# TABLE DES MATIÈRES

5. LE PLAN MARKETING
   - 5.1 La description du produit ou du service
   - 5.2 Le prix de vente
   - 5.3 La publicité et la promotion
   - 5.4 La politique de service après-vente et de garantie
   - 5.5 Le choix de localisation
   - 5.6 Le sommaire des coûts de marketing

6. LE PLAN DES OPÉRATIONS ET LE PLAN ÉCOLOGIQUE
   - 6.1 La description de la technologie utilisée et du processus de fabrication ou d'exploitation
   - 6.2 La gestion des opérations
   - 6.3 Les risques écologiques et environnementaux
   - 6.4 Le sommaire des coûts du plan des opérations et du plan écologique

7. LE PLAN DE DÉVELOPPEMENT DE L'ENTREPRISE
   - 7.1 Les objectifs à long terme et la croissance de l'entreprise
   - 7.2 Le développement futur du produit ou du service
   - 7.3 L'évaluation continuelle du marché et de la technologie
   - 7.4 Le sommaire des coûts de développement

8. L'ÉCHÉANCIER DE RÉALISATION, LE PLAN DE GESTION DES RISQUES ET LES SOLUTIONS DE RECHANGE
   - 8.1 Le calendrier de réalisation
   - 8.2 L'obtention des permis et le respect des lois et règlements
   - 8.3 Le plan de gestion des risques et les solutions de rechange
   - 8.4 Le sommaire des coûts légaux et de gestion des risques

9. LE PLAN DES RESSOURCES FINANCIÈRES
   - 9.1 Les ressources financières personnelles

9.2 Les états financiers prévisionnels

9.2.1 Le scénario réaliste

9.2.2 Le scénario pessimiste

9.2.3 Le scénario optimiste

9.3 L'analyse financière

9.4 Le financement recherché

ANNEXES

1 - Curriculum vitæ de la travailleuse autonome, Any Trépanier

2 - Curriculum vitæ des membres de l'équipe entrepreneuriale

2.1 Manon Trépanier

2.2 Sylvie Laferté

3 - Étude de marché

4 - Prévisions financières

4.1 Scénario réaliste

4.2 Scénario pessimiste

4.3 Scénario optimiste

# 1. SOMMAIRE

Je désire démarrer une entreprise de type travailleur autonome afin d'offrir des services de formation et de dépannage en informatique. Ce projet repose sur ma formation et mon expérience dans le domaine de l'informatique et sur les résultats d'une étude de marché réalisée par la Corporation municipale de Saint-Narcisse.

Cette étude de marché m'a permis d'évaluer la demande totale pour de tels services à près de 150 000 $. La première année, je vise atteindre 15 % de ce marché, pour un chiffre d'affaires de 22 000 $, soit un peu moins du double du seuil de rentabilité de 12 200 $. Cet objectif tient aussi compte d'un client assuré, l'école Notre-Dame-de-la-Confiance, qui m'assure un contrat de 15 heures par semaine pour quelque 30 semaines durant l'année scolaire 1997-1998.

La situation concurrentielle à Saint-Narcisse est avantageuse, puisque aucune autre entreprise n'offre des services de formation en informatique. Une entreprise fait bien la vente d'équipement, mais elle n'offre pas de formation. Je pourrais agir en sous-traitance de cette entreprise pour les questions de formation.

Ce plan d'affaires a été rédigé dans le cadre du programme TI et les trois scénarios de prévisions financières présentés dans ce document démontrent mon besoin des prestations offertes dans le cadre de ce programme afin de donner toutes les chances à mon entreprise de bien s'implanter dans le milieu.

# 2. LA DESCRIPTION DE L'ORGANISATION ET DE L'OCCASION D'AFFAIRES

Les principales activités de l'entreprise s'orientent autour de la formation et du dépannage en informatique auprès d'une clientèle formée d'entreprises et de consommateurs de Saint-Narcisse et de ses environs. J'offrirai aussi, sur demande, un service de programmation pour les entreprises.

Plus précisément, la formation offerte comprendra autant des cours sur mesure pour les entreprises que de la formation de groupe pour la population. Les cours, d'initiation ou avancés, porteront sur les sujets suivants :

- Internet ;
- Windows 95 ;
- traitements de texte ;
- bases de données ;
- tableurs ;
- logiciels spécialisés ;
- etc.

En ce qui concerne le dépannage, les clients pourront me joindre par téléphone ou par courrier électronique. Pour les problèmes simples, je pourrai les régler immédiatement et de vive voix, alors que pour les problèmes plus complexes, je me déplacerai chez le client.

## 2.1 La raison sociale, la forme juridique et l'état d'avancement du projet

J'ai choisi « Any Trépanier, formation et dépannage informatique » comme nom pour mon entreprise parce qu'il décrit clairement ce que je fais.

Mon local est situé à Saint-Narcisse, plus précisément à l'école Notre-Dame-de-la-Confiance, 290, rue Principale, local 207, Saint-Narcisse, Québec, G0X 2Y0. J'ai procédé aux améliorations de mon local au cours des mois d'avril et mai derniers. Je termine présentement l'achat de l'équipement nécessaire au bon fonctionnement de mon entreprise, soit un ordinateur et les logiciels nécessaires à mes prochaines sessions de cours ainsi qu'une ligne téléphonique. En attendant cette dernière, j'ai un numéro où mes clients peuvent me joindre.

Étant seule propriétaire de l'entreprise, j'ai choisi l'entreprise individuelle comme forme juridique. C'est la forme la plus économique ; j'aurai à débourser 30 $ au démarrage de l'entreprise.

Mon entreprise est en démarrage et j'ai déjà fait quelques contrats. Je compte rejoindre ma clientèle potentielle formée d'entreprises de la région au cours des mois de juin, juillet et août, tout en planifiant mes sessions de cours prévues pour les mois de septembre à décembre, puis de janvier à avril.

Compte tenu des résultats d'une étude de marché effectuée par la Corporation municipale de Saint-Narcisse et d'un sondage que j'ai fait l'automne dernier, je crois fermement être en mesure de poursuivre mon projet et de le rendre viable à long terme.

## 2.2 L'énoncé de la mission de l'entreprise et la description de l'occasion d'affaires

### *2.2.1 La mission de l'entreprise*

La mission de mon entreprise est d'offrir un service personnalisé sur le plan de la formation. J'offre des cours sur mesure pour les entreprises ainsi que pour les particuliers. Dans un deuxième temps, je compte offrir mes services dans les écoles pour donner de la formation aux enseignants (sachant que toutes les écoles auront désormais un laboratoire informatique et que les commissions scolaires ne peuvent assurer la formation en raison du manque de personnel). Je possède déjà les connaissances requises, car j'ai un mandat semblable à l'école Notre-Dame-de-la-Confiance depuis le mois de novembre dernier.

### *2.2.2 L'occasion d'affaires*

Aucun cours de formation en informatique n'est offert dans la région immédiate de Saint-Narcisse. Ma connaissance du marché me porte à croire que la clientèle préfère de beaucoup avoir la possibilité de suivre des cours plus près de chez elle. La clientèle pourra suivre des cours comme :

- Internet
- Windows 95
- WordPerfect
- Word
- Excel
- Access
- Works
- etc.

La clientèle visée est formée des adultes, des étudiants et du personnel des entreprises de Saint-Narcisse et de ses environs.

## 2.3 Les objectifs poursuivis

Selon les données recueillies et une demande totale de quelque 145 000 $, je crois réaliste d'être en mesure d'atteindre mon objectif, soit quelque 17 heures de travail par semaine à 25 $ l'heure en moyenne pour un chiffre d'affaires potentiel de 22 000 $ (15 % du marché) pour ma première année d'exploitation et de 25 000 $ pour la deuxième année (17 % du marché).

## 2.4 L'analyse du secteur d'activité et de l'environnement général

L'informatique a connu un essor considérable depuis quelques années. La plupart des foyers, des entreprises et des écoles sont équipés de micro-ordinateurs. Le marché de l'informatique est en constante évolution, ce qui me laisse croire qu'il y a de la place pour une entreprise comme la mienne.

### *2.4.1 Le secteur d'activité*

Mon entreprise évolue dans le secteur de l'informatique, lequel comprend les boutiques spécialisées (vente et réparation) et les écoles (formation). Dans les environs de Saint-Narcisse, les endroits pour la vente et la réparation sont plutôt rares, outre C.P.M.V. à Saint-Stanislas, où la formation n'est pas offerte. Cela devrait me permettre d'avoir un certain monopole dans ce domaine, du moins à court terme. Quant au dépannage informatique, le fait que je me déplace chez les clients me favorise, car dans les magasins spécialisés les frais de déplacement ainsi que le taux horaire sont plus élevés que le taux que je facturerai aux clients.

### 2.4.2 L'environnement général

#### 2.4.2.1 L'environnement politique et légal

Aucune loi ni aucun règlement ne limite ou ne favorise le secteur de l'informatique.

#### 2.4.2.2 L'environnement économique

Les gens qui investissent dans l'achat d'un ordinateur veulent l'exploiter à son maximum ; ils sont donc prêts à investir une somme raisonnable pour de la formation.

Avec la venue d'Internet, le monde est accessible à tous les utilisateurs. C'est donc une avenue que je compte exploiter au maximum avec une formation sur la navigation, les pages Web et les possibilités offertes par Internet.

#### 2.4.2.3 L'environnement social et culturel

Les utilisateurs sont émerveillés par les nouvelles technologies. Les dépenses consacrées par les familles pour un équipement informatique sont nécessaires, surtout pour les familles avec des adolescents au secondaire, au cégep ou à l'université. Pour pratiquement tous les emplois offerts sur le marché, des connaissances en informatique sont primordiales. C'est donc un avantage pour la population en général d'acquérir une base qui lui sera utile pour se trouver un emploi.

#### 2.4.2.4 L'environnement technologique

L'ordinateur est présent partout : dans les entreprises, les écoles, les bibliothèques et dans beaucoup de foyers. Il est donc facile de prédire que l'évolution de ce secteur n'est pas à la veille de diminuer.

*2.4.2.5 L'environnement écologique*

L'exploitation d'une entreprise de dépannage et de formation en informatique n'a pas un très grand impact sur l'écologie. Je me propose d'utiliser le papier de mon imprimante des deux côtés avant de le mettre dans un bac de récupération.

**2.3 Le sommaire des occasions et des menaces de l'environnement**

L'ordinateur est un outil assez dispendieux à l'achat, mais très utile pour les étudiants et indispensable pour une certaine catégorie de travailleurs. Il est donc nécessaire d'acquérir une formation de base et de pouvoir compter sur une personne-ressource lorsque des problèmes surviennent.

## 3. LE TRAVAILLEUR AUTONOME ET SON ÉQUIPE

### 3.1 La travailleuse autonome, Any Trépanier

Mon objectif premier est de me créer un emploi afin d'assurer mon autonomie financière et de le faire dans un domaine qui me passionne. J'espère pouvoir m'assurer un salaire aux environs de 18 000 $ par année, et ce, dès la troisième année d'exploitation de mon entreprise. À compter de la quatrième année, si tout va bien, je compte pouvoir m'assurer un revenu annuel de 25 000 $. Je crois tout à fait être en mesure de réaliser un chiffre d'affaires me permettant ces salaires.

Je suis passionnée par l'informatique et je crois que je peux transmettre facilement cette passion. L'expérience des derniers mois me porte à croire que mes étudiants trouvent que j'ai un don pour la pédagogie (informatique du moins), que je suis capable de transmettre avec rigueur (et humour) même les concepts les plus arides. Mes étudiants m'ont fait part de ce genre de commentaires dans leurs évaluations des cours donnés dernièrement.

Pour réaliser ce projet, il est nécessaire de posséder de la persévérance et beaucoup d'énergie. De plus, je suis une personne qui est aussi à l'aise dans l'incertitude que dans une situation plus certaine. Je résiste bien au stress et je sais m'organiser. J'ai toujours été très autonome et j'aime prendre des décisions. Je sais aussi vivre avec les conséquences de celles-ci.

Étant propriétaire unique de mon entreprise, je devrai faire la gestion quotidienne ainsi que stratégique. Mon expertise en informatique est la base de mon entreprise. Je sais cependant avoir quelques petites lacunes en gestion (tenue de livres, fiscalité, etc.). Pour combler ces lacunes, je peux avoir recours aux conseils de ma sœur (technicienne en comptabilité) et d'une amie, conseillère en entrepreneuriat à l'université de Sherbrooke.

Ma sœur et mon amie n'ont pas d'intérêt financier dans l'entreprise, mais je considère qu'elles font partie de mon équipe entrepreneuriale.

Vous trouverez, à l'annexe 1, mon curriculum vitæ de même que mon bilan personnel et l'évaluation de mes besoins financiers personnels. Vous trouverez aussi, à l'annexe 2, le curriculum vitæ des membres de mon équipe entrepreneuriale.

### 3.2 Les investisseurs non actifs et le parrainage

Afin de combler les besoins financiers du démarrage de mon entreprise, les membres de ma famille vont investir de différentes façons. Mes parents ont endossé mon prêt pour l'achat de mon ordinateur et des fournitures nécessaires. Ma sœur s'occupera de la comptabilité de mon entreprise. Je peux aussi compter sur les conseils de mon amie, Sylvie Laferté, dans les décisions concernant la gestion de mon entreprise.

### 3.3 Le conseil d'administration ou le comité de gestion

Je n'ai pas formé de comité de gestion, mais au besoin je peux compter sur les membres de mon équipe entrepreneuriale.

### 3.4 Les conseillers externes

Un comptable pour les questions de déclarations de revenus sera nécessaire. Dans ce cas et au besoin, je demanderai des références auprès de mon réseau d'affaires pour trouver des professionnels pouvant répondre à mes besoins.

# 4. L'ANALYSE DU MARCHÉ

L'analyse du marché a été faite à l'aide de données primaires. La Corporation municipale de Saint-Narcisse a fait cette analyse pour évaluer la demande en services informatiques au cours de l'été 1996. Quant à moi, j'ai pu recueillir des données grâce à un sondage que j'ai fait dans le cadre des cours que j'ai donnés l'automne dernier.

## 4.1 La définition de la clientèle et l'évaluation des marchés

### *4.1.1 La description de la clientèle*

La clientèle potentielle est formée d'une part des entreprises et des commerces ainsi que de la population de Saint-Narcisse et de Saint-Luc-de-Vincennes et, d'autre part, du comité informatique de l'école Notre-Dame-de-la-Confiance. Dans ce dernier cas, j'ai déjà un contrat de 15 heures par semaine pour l'animation et l'entretien du laboratoire informatique. Cela représente 3 600 $ (15 heures X 30 semaines X 8 $).

En ce qui concerne la population, il s'agit des 1 402 personnes comprenant les adultes et les jeunes du secondaire, du collégial et de l'universitaire. En ce qui concerne les entreprises, il s'agit de 74 entreprises incorporées, excluant les travailleurs autonomes qui sont comptés dans la population en général. Ce nombre exclut les entreprises non incorporées dont nous ignorons le nombre exact.

### *4.1.2 L'évaluation de la demande pour le marché cible*

Selon l'étude de marché présentée à l'annexe 3, la population cible pour les services de dépannage et de formation en informatique de Saint-Narcisse et Saint-Luc-de-Vincennes est de 1 402 personnes et de 74 entreprises. En résumé, pour les services et les thèmes de formation offerts par la promotrice, les intérêts en formation et autres services informatiques chez la population cible sont:

| **Pour la population en général (formation)** | **%** | **Nb de personnes** |
|---|---|---|
| Initiation à l'ordinateur | 72,9 | 593 |
| Traitement de texte | 27,1 | 220 |
| Bases de données | 25,4 | 206 |
| Tableurs | 13,6 | 111 |
| Internet | 52,5 | 427 |
| Comptabilité informatisée | 23,7 | 193 |
| Total de personnes intéressées, tous sujets confondus | | **1750** |

| **Pour les entreprises (formation)** | **%** | **Nb d'entreprises** |
|---|---|---|
| Internet | 54,2 | 40 |
| Logiciel de gestion comptable | 50,0 | 37 |
| Initiation à l'ordinateur | 41,7 | 31 |
| Gestion de bases de données | 33,3 | 25 |
| Traitement de texte | 12,5 | 9 |
| Tableurs | 12,5 | 9 |
| Total d'entreprises intéressées, tous sujets confondus | | **151** |

| **Pour les entreprises (autres services)** | **%** | **Nb d'entreprises** |
|---|---|---|
| Dépannage informatique | 29,2 | 22 |
| Installation de logiciels | 8,3 | 6 |
| Total d'entreprises intéressées, tous sujets confondus | | **28** |

Dans un scénario optimiste et sachant que plusieurs personnes ont démontré un intérêt pour plusieurs sujets, nous pouvons poser comme hypothèse que la demande totale est de 1 750 personnes et 151 entreprises pour la formation en informatique, et de 28 entreprises pour le dépannage et l'installation de logiciels.

En excluant le contrat de 15 heures par semaine à l'école Notre-Dame-de-la-Confiance et en posant comme hypothèse que tous les gens qui se sont dits intéressés vont s'inscrire aux formations ou recourir aux services de l'entreprise, nous pouvons estimer la demande totale pour le marché cible de la façon suivante :

Si chacune des 1 750 personnes suit une seule activité de 15 heures durant une année à 50 $ par personne, cette clientèle représente une demande potentielle de 87 500 $.

Si chacune des 151 entreprises demande une formation adaptée de 15 heures à 25 $ l'heure, durant une année, cette clientèle représente une demande potentielle de 56 625 $.

Si chacune des 28 entreprises requiert en moyenne 2 heures de dépannage ou d'installation de logiciels par mois, à raison de 15 $ l'heure, cette clientèle représente une demande potentielle de 840 $.

Au total et selon ce scénario *très très* optimiste, la demande totale pour le marché, comme je l'ai définie dans l'étude de marché de la Corporation municipale de Saint-Narcisse, s'élève à 144 965 $.

Conséquemment, mon objectif de chiffre d'affaires de 22 000 $ pour la première année représenterait un peu plus de 15 % de cette demande totale et de 17 % la deuxième année. À noter ici que l'objectif de 22 000 $ de chiffre d'affaires comprend le contrat de 15 heures par semaine à l'école Notre-Dame-de-la-Confiance. La deuxième année, je compte aller chercher 17 % du marché, soit 25 000 $.

Dans la section de ce plan d'affaires portant sur les prévisions financières, je vais établir des scénarios inférieurs à cet objectif afin de vérifier si l'entreprise est viable, même sans atteindre 15 % du marché la première année.

### *4.1.3 Les facteurs déterminants de la demande*

Dans le secteur de l'informatique, les facteurs déterminants de la demande sont le taux de pénétration de l'informatique dans les maisons et les entreprises, l'augmentation des ventes de micro-ordinateurs et les développements technologiques nécessitant de nouvelles formations.

Afin de me tenir au courant de ces facteurs reliés à la demande, je vais m'abonner à diverses revues et faire des recherches dans des sites Internet dédiés à l'informatique. De plus, je vais participer le plus souvent possible à divers salons de l'informatique.

## 4.2 L'analyse de la concurrence

À Saint-Narcisse même, à ma connaissance, il n'y a aucun concurrent direct. Naturellement, les entreprises et la population peuvent toujours se rendre à Shawinigan ou à Trois-Rivières pour obtenir des services et de la formation. Quoi qu'il en soit, notre connaissance du marché nous porte à croire que la clientèle préférerait de beaucoup avoir la possibilité de suivre des cours plus près de chez elle.

À Saint-Stanislas, l'entreprise C.P.M.V. vend de l'équipement informatique, mais n'offre pas de formation à sa clientèle. Des contacts seront établis avec C.P.M.V. afin de leur offrir mes services en sous-traitance pour toutes les questions de formation.

## 4.3 Le choix stratégique

N'ayant pas vraiment de concurrents sur place, je vais définir les avantages concurrentiels de mon entreprise en étudiant ce que les entreprises les plus performantes du même secteur offrent à leur clientèle. À première vue, je pense que des prix raisonnables, du professionnalisme et une intégrité totale dans les relations d'affaires et de formation sont la base d'une entreprise qui connaîtra du succès auprès de sa clientèle.

## 4.4 L'évaluation du chiffre d'affaires

Considérant mes besoins financiers personnels, ma capacité à répondre à la demande (travailleuse autonome), le ratio de 2,5[1], et les résultats de l'étude de marché ci-haut mentionnée, je vise les objectifs suivants :

| | | | |
|---|---|---|---|
| Première année : | 17 heures par semaine à 25 $ l'heure en moyenne ou 15 % du marché | = | 22 000 $ |
| Deuxième année : | 19 heures par semaine à 25 $ l'heure en moyenne ou 17 % du marché | = | 25 000 $ |
| Troisième année : | 25 heures par semaine à 25 $ l'heure en moyenne | = | 32 000 $ |
| Quatrième année : | 30 heures par semaine à 25 $ l'heure en moyenne | = | 35 000 $ |

1. Le ratio de 2,5 signifie que, pour s'assurer un niveau de vie comparable à notre situation actuelle, un travailleur autonome doit établir son tarif horaire à 2,5 fois ce qu'il gagnerait à salaire. Cette augmentation s'explique par le fait qu'il est impossible de « facturer » 40 heures par semaine et que le travail autonome engendre des coûts supplémentaires.

# 5. LE PLAN MARKETING

## 5.1 La description du produit ou du service

La stratégie de mise en marché du service se base sur l'apprentissage de nouvelles connaissances, d'un nouvel outil pour faciliter certaines tâches. Comme je l'ai mentionné précédemment, il s'agit de formation de groupe et sur mesure, de même que de dépannage en informatique.

Les principales activités de l'entreprise s'orientent donc autour de la formation et du dépannage en informatique auprès d'une clientèle formée d'entreprises et de consommateurs de Saint-Narcisse et de ses environs. J'offrirai aussi, sur demande, un service de programmation pour les entreprises.

Plus précisément, la formation offerte comprendra tant des cours sur mesure pour les entreprises que de la formation de groupe pour la population. Les cours, d'initiation ou avancés, porteront sur les sujets suivants :

- Internet ;
- Windows 95 ;
- traitements de texte ;
- bases de données ;
- tableurs ;
- logiciels spécialisés ;
- etc.

## 5.2 Le prix de vente

Les prix s'établissent ainsi : pour la formation adaptée (ponctuelle sur des sujets précis), le tarif est de 25 $ l'heure, plus les frais de déplacement si je dois me rendre à plus de 30 km de Saint-Narcisse. Pour l'installation de logiciels, configuration des périphériques, etc., le tarif est de 15 $ l'heure, plus les frais de déplacement. Quant aux sessions de cours en classe, le prix sera fixé selon le logiciel et la durée du cours (par exemple, pour un cours de 15 heures de Windows 95, le tarif sera de 50 $ par personne, documentation incluse, alors que pour un cours de 30 heures, le tarif sera de 100 $ par personne, documentation incluse).

J'estime à 5 % du chiffre d'affaires le coût de la documentation.

Ces prix sont un peu plus élevés que ceux du cégep de Trois-Rivières, mais les gens n'auront pas à se déplacer et la documentation sera fournie. En proportion, le coût est donc identique pour les clients.

### 5.3 La publicité et la promotion

Pour rejoindre la population (consommateurs), une distribution de dépliants promotionnels aura lieu au mois d'août prochain afin d'offrir la possibilité de suivre des cours du soir (session d'automne) dans le laboratoire d'informatique de l'école Notre-Dame-de-la-Confiance. Une opération identique aura lieu en novembre afin de recruter des étudiants pour la session d'hiver.

Les dépliants promotionnels pour les cours de formation seront envoyés au début du mois d'août pour le début des cours dans la semaine du 8 septembre 1997.

Afin de rejoindre la clientèle formée des entreprises, des envois postaux ciblés auront lieu régulièrement, à compter du printemps 1997. Ces envois seront suivis d'un appel téléphonique pour vérifier si le client a bien reçu l'information et s'il désire plus de renseignements. J'essaierai à ce moment d'obtenir un rendez-vous afin de pouvoir offrir mes services de formation et de dépannage plus en détail, et de décrocher un contrat.

L'école Notre-Dame-de-la-Confiance prévoit également retenir mes services sur une base régulière afin de former et de soutenir l'équipe d'enseignants pour tout ce qui concerne l'informatique de même que pour gérer le laboratoire informatique.

Je compte aussi offrir mes services à la commission scolaire Samuel-de-Champlain afin d'implanter les futurs laboratoires informatiques dans les écoles et de former le personnel enseignant à l'utilisation de l'informatique dans ces mêmes laboratoires.

En ce qui concerne la promotion (réductions), au moment où une personne s'inscrit à un cours de formation, j'offrirai une réduction de 25 % pour un autre cours de formation. Si la personne s'inscrit à l'avance, j'offrirai une réduction supplémentaire de 10 %. J'estime que 5 % de mon chiffre d'affaires servira à couvrir ces promotions de même que les remboursements d'inscription dans les cas d'abandon du cours.

Dans les prochains jours, je vais me renseigner auprès de l'Office de la protection du consommateur afin de vérifier les délais de remboursement pour abandon du cours.

Pour la formation adaptée, j'offrirai du temps de dépannage téléphonique gratuit (par exemple, pour une formation de 8 heures, je donnerai 1 heure de dépannage).

### 5.4 La politique de service après-vente et de garantie

Si un problème survient après une consultation ou des manipulations que j'aurai faites sur un ordinateur, j'effectuerai la correction à mes frais. Cette garantie s'appliquera pour les 15 jours suivant mon intervention.

### 5.5 La choix de la localisation

L'entreprise et ses activités seront localisées à Saint-Narcisse. Les cours seront donnés au laboratoire d'informatique de l'école Notre-Dame-de-la-Confiance. Cette école m'offre gentiment et gratuitement cette possibilité afin de m'aider à bien établir mon entreprise.

J'ai choisi Saint-Narcisse à cause du manque d'offre de services en informatique (concurrence) et du besoin exprimé par la population (sondage de la municipalité).

L'ameublement ainsi que la grande partie de la peinture ont été fournis par l'école. J'ai peint le local avec l'aide bénévole de professeurs et d'élèves.

### 5.6 Le sommaire des coûts de marketing

Les principaux coûts associés à la mise en marché sont la conception et la reproduction du dépliant promotionnel, les frais de distribution de ce dépliant, les frais d'affranchissement pour l'envoi postal aux entreprises, la conception (faite gracieusement par une amie) et l'impression d'une carte professionnelle de même que des frais de déplacement afin d'aller rencontrer la clientèle. Je ne prévois aucuns frais de démarrage.

**Frais fixes annuels**

| | |
|---|---|
| Conception et impression des dépliants | 1 500 $ |
| Impression des cartes professionnelles | 50 $ |
| Déplacements et représentation | 600 $ |
| Poste (300 envois à 1 $) | 300 $ |
| Distribution des dépliants | 150 $ |
| Total des frais fixes annuels reliés au plan marketing | **2 600 $** |

**Frais variables**

| | |
|---|---|
| Réductions sur vente | 5 % |
| Documentation | 5 % |
| Total des frais variables | **10 %** |

# 6. LE PLAN DES OPÉRATIONS ET LE PLAN ÉCOLOGIQUE

## 6.1 La description de la technologie utilisée et du processus de fabrication ou d'exploitation

La technologie utilisée dans mon entreprise est mon ordinateur pour rédiger mes notes de cours, installer et explorer de nouveaux logiciels. Il me servira aussi pour la gestion comptable. Dans le cadre de mes heures travaillées pour l'école Notre-Dame-de-la-Confiance, j'effectuerai l'entretien des ordinateurs du laboratoire informatique. En ce qui a trait à la mise à jour des logiciels pour le laboratoire, elle sera assurée par le comité informatique.

Pour l'entreprise, j'ai besoin d'un micro-ordinateur, de logiciels et de divers périphériques. J'ai acquis cet équipement dernièrement grâce à un prêt de 4 000 $ ; vous en trouverez la description exacte en annexe.

## 6.2 La gestion des opérations

Durant la période estivale, je vais préparer les cours qui seront offerts pour la session d'automne, ce qui me libérera pour préparer au fur et à mesure les cours de formation adaptée. Je profiterai aussi de la période estivale pour explorer de nouveaux logiciels.

La gestion des opérations relève d'une bonne gestion de mon temps ; je devrai toujours prévoir deux scénarios. Si je reçois un appel, je devrai me déplacer dans un délai raisonnable ; par contre, si aucun appel n'est reçu, je devrai profiter de ce moment pour explorer ou monter de nouveaux cours sur de nouveaux logiciels.

## 6.3 Les risques écologiques et environnementaux

En ce qui concerne l'impact écologique d'une entreprise de formation et de dépannage informatique, les effets négatifs se résument surtout dans l'utilisation de papier (factures, rapports, notes de cours). Je réutiliserai le papier sur les deux côtés avant d'en disposer dans un bac de récupération.

Aucune loi ni aucun règlement à teneur environnementale ne s'applique au projet.

## 6.4 Le sommaire des coûts du plan des opérations et du plan écologique

Au démarrage, je vais avoir besoin d'équipement informatique (ordinateur, périphériques et logiciels). J'ai déjà acquis une partie de cet équipement grâce à un prêt de 4 000 $. Durant l'année, je devrai renouveler certains logiciels de même qu'acheter plusieurs volumes et documents de référence. En résumé, les coûts associés au plan des opérations sont les suivants :

| | |
|---|---|
| **Frais de démarrage** | |
| Aménagement du local (peinture) | 32 $ |
| Ordinateur et imprimante | 3 200 $ |
| Logiciels (OfficePro et Draw) | 350 $ |
| Manuels de référence | 318 $ |
| Installation du téléphone | 50 $ |
| Fournitures de bureau | 50 $ |
| Total des frais de démarrage | **4 000 $** |
| **Frais fixes** | |
| Assurances affaires | 250 $ |
| Télécommunication (téléphone, télécopie, Internet) | 1 200 $ |
| Entretien, réparation et essence (automobile) | 1 750 $ |
| Poste et messagerie | 250 $ |
| Photocopies et impression | 100 $ |
| Papeterie et fournitures de bureau | 100 $ |
| Mise à jour des logiciels | 500 $ |
| Achat de nouveaux logiciels | 600 $ |
| Achat de manuels de référence | 300 $ |
| Total des frais fixes | **5 050 $** |

# 7. LE PLAN DE DÉVELOPPEMENT DE L'ENTREPRISE

## 7.1 Les objectifs à long terme et la croissance de l'entreprise

À long terme, pour les cours, j'aimerais pouvoir rejoindre une plus grande clientèle dans les municipalités avoisinantes. J'aimerais aussi agir comme consultante auprès des entreprises lors de l'implantation de nouveaux systèmes informatiques.

## 7.2 Le développement futur du produit ou du service

Le service offert devra évoluer avec la technologie informatique. À moyen terme, il me faudra ajouter des formations sur le multimédia et sur tout autre développement que connaîtra l'informatique.

## 7.3 L'évaluation continuelle du marché et de la technologie

Afin de connaître les tendances du marché, j'effectuerai régulièrement des sondages auprès de ma clientèle. J'offrirai une réduction pour leur prochain recours à mes services afin de les inciter à me retourner leur questionnaire. Je passerai des formulaires d'évaluation des besoins futurs à la fin des cours.

Pour me tenir informée des développements technologiques dans mon secteur d'activité, outre la lecture de revues sur les sujets et la consultation des sites Internet dédiés à l'informatique, je participerai au Salon de l'informatique de Montréal.

## 7.4 Le sommaire des coûts de développement

La plupart des coûts associés au développement sont inclus dans les autres parties de ce plan d'affaires ; ajoutons cependant les frais fixes suivants :

| **Frais fixes** | |
|---|---|
| Abonnement et cotisation | 150 $ |
| Participation à des foires ou à des expositions | 500 $ |
| Total des frais fixes | **650 $** |

# 8. L'ÉCHÉANCIER DE RÉALISATION, LE PLAN DE GESTION DES RISQUES ET LES SOLUTIONS DE RECHANGE

## 8.1 Le calendrier de réalisation

Afin de démarrer mon entreprise au cours du mois de juin 1997, je me suis fixé un échéancier que je crois réaliste.

| Dates | Étapes |
|---|---|
| Avril 1997 | Aménagement physique de mon local (fait). |
| Mai 1997 | Acquisition de l'ordinateur et des différents logiciels nécessaires (presque terminée). |
| Juin 1997 | Conception du dépliant promotionnel et expédition auprès des entreprises de la région. |
| | Immatriculation de la raison sociale de l'entreprise. |
| | Ouverture d'un compte d'affaires à la Caisse populaire de Saint-Narcisse. |
| | Vérification auprès de l'Office de la protection du consommateur. |

## 8.2 L'obtention des permis et le respect des lois et règlements

Lors du démarrage de l'entreprise, je dois immatriculer sa raison sociale (30 $). Je dois aussi vérifier auprès de l'Office de la protection du consommateur quels sont les règlements applicables à la prestation d'un service de formation.

## 8.3 Le plan de gestion des risques et les solutions de rechange

Un projet de création d'entreprise comporte toujours certains risques. En ce qui concerne mon projet, voici une liste de risques potentiels qui pourraient subvenir :

- difficulté à développer ma clientèle auprès des entreprises ;
- mauvaise évaluation des besoins de la clientèle pour les cours de formation ;
- coûts supplémentaires inattendus.

Pour éviter ces risques potentiels et me faire connaître du plus grand nombre de personnes possible, je mettrai tout en œuvre pour établir des contacts avec les personnes en charge du développement des ressources humaines dans les entreprises et j'établirai des liens avec différents groupes actifs dans la communauté. Enfin, je pourrai aussi élargir aux municipalités avoisinantes mes envois de dépliant publicitaire.

Si jamais je m'apercevais que j'ai mal évalué les besoins de la clientèle, je vais préparer une autre étude de marché que je conduirai moi-même auprès de la clientèle cible.

Enfin, en ce qui concerne les coûts, je pense pouvoir compter sur mes parents pour m'aider encore un peu. Je vais aussi contrôler les dépenses de près et éviter des sorties de fonds non nécessaires.

### 8.4 Le sommaire des coûts légaux et de gestion des risques

Les coûts légaux se résument à l'immatriculation sociale de l'entreprise, renouvelable tous les ans au coût de 30 $, et aux honoraires d'un comptable pour les déclarations de revenus (50 $).

# 9. LE PLAN DES RESSOURCES FINANCIÈRES

## 9.1 Les ressources financières personnelles

Pour la première année d'exploitation de mon entreprise, comme je peux compter sur des revenus provenant d'une part de l'assurance-emploi et d'autre part des heures travaillées au laboratoire informatique, je vais pouvoir me faire connaître auprès de la population, développer un réseau de connaissances dans la communauté et assurer la rentabilité future de mon entreprise. Mon objectif est de devenir autonome financièrement et de « gagner ma vie » par mon entreprise dès sa deuxième année d'activité.

Je suis en mesure d'investir un peu plus de 500 $ en argent dans le projet, de même que je transfère à l'entreprise l'équipement informatique en ma possession et le prêt contracté pour l'acquérir. Afin de faire face à mes obligations personnelles, l'entreprise doit me rapporter 1 000 $ par mois avant impôt.

## 9.2 Les états financiers prévisionnels

Les prévisions financières sur 2 ans, présentées à l'annexe 4, ont été préparées selon 3 scénarios, soit un scénario optimiste, un scénario réaliste et un scénario pessimiste. Elles ont été préparées avec Excel selon un programme établi par Sylvie Laferté et avec les données que je lui ai fournies. Dans chacun des scénarios, les dépenses demeurent les mêmes, mais les chiffres d'affaires varient de la façon suivante :

| | **Optimiste** | **Réaliste** | **Pessimiste** |
|---|---|---|---|
| Première année | 25 000 $ | 22 000 $ | 18 000 $ |
| Deuxième année | 30 000 $ | 25 000 $ | 20 000 $ |

Afin de faciliter la compilation des données, les prévisions financières ont été préparées pour 2 exercices de 12 mois, débutant le 1er juin 1997. Je sais cependant que les travailleurs autonomes doivent terminer leur année fiscale au 31 décembre.

Les autres données financières proviennent des sommaires des coûts de chacune des parties précédentes du plan d'affaires en ajoutant les frais bancaires de 20 $ par mois, les intérêts sur l'emprunt de 450 $ la première année et de 290 $ la deuxième année de même que les amortissements sur l'équipement informatique (100 % et demi-taux la première année).

Le bilan d'ouverture se présente de la même façon dans les trois scénarios. Le coût du projet s'établit à 4 570 $ financé par un emprunt personnel de 4 000 $ sur 3 ans à 12,94 % et par une mise de fonds en argent de 570 $.

### *9.2.1 Le scénario réaliste*

Dans le scénario réaliste, après 12 mois d'activité, l'entreprise enregistre un surplus de 8 634 $. Ce scénario ne prévoit aucun prélèvement de la propriétaire, mais prévoit une réinjection de fonds de 200 $ dès le deuxième mois d'activité afin de couvrir les sorties de fonds.

Le bilan après un an de fonctionnement s'élève à 12 238 $ d'éléments d'actif, financés par le solde du prêt de 2 834 $ et 9 404 $ d'avoir, surplus d'exploitation inclus. L'encaisse se maintient autour de 10 000 $ à la fin des deux années concernées.

La deuxième année, les éléments d'actif ont diminué et se chiffrent à 10 353 $, diminution expliquée par les amortissements accumulés sur l'équipement informatique. Ces éléments d'actif sont financés par le solde de la dette (1 508 $) et l'avoir (8 845 $). La diminution de l'avoir s'explique par les prélèvements de la propriétaire, 12 000 $.

Le mouvement de trésorerie n'indique aucun mois négatif, notamment à cause de la réinjection de fonds. Les frais fixes mensuels se chiffrent autour de 1 000 $ par mois. Remarquez que j'ai réparti le paiement des dépliants sur les quatre premiers mois d'activité. Il est cependant fort possible que je doive payer ces frais dès le mois de juin ou de juillet. Cette situation nécessiterait alors une autre réinjection de fonds de ma part.

Dans ce scénario, j'ai besoin, la première année, du programme TI afin d'assumer mes besoins financiers personnels et d'assurer la réinjection de fonds dans l'entreprise. Même si l'encaisse est positive (plus ou moins 10 000 $), je suis consciente qu'il y aura certainement des coûts imprévus durant l'année, par exemple si l'école Notre-Dame-de-la-

Confiance décidait de me louer les locaux plutôt que de me les prêter. Je ne crois pas que cette somme demeure réellement dans l'entreprise après un an. Mon objectif en ce sens est d'avoir une encaisse moyenne pour l'année de 5 000 $.

### *9.2.2 Le scénario pessimiste*

Dans le scénario pessimiste, la première année d'activité se solde par un surplus de 5 000 $ et la deuxième année, par un surplus de 6 900 $. Ce scénario ne prévoit pas non plus de prélèvements pour la première année d'activité, mais il en prévoit pour la deuxième année (12 000 $).

Les bilans de fin d'année ont une valeur moindre dans ce scénario : la première année, les éléments d'actif totalisent 9 238 $, financés par le solde du prêt de 2 834 $ et des avoirs de 6 404 $, incluant les surplus d'exploitation et une réinjection de fonds de 800 $. Cette réinjection est nécessaire afin de couvrir les sorties de fonds des trois premiers mois d'activité.

La deuxième année, les éléments d'actif totalisent 2 853 $, une diminution comparativement à l'année précédente. Cette diminution s'explique par l'amortissement de l'équipement informatique et par les prélèvements de la propriétaire (12 000 $). Ces éléments d'actif sont donc financés par le solde de l'emprunt de 1 508 $ et l'avoir de 1 345 $.

Le mouvement de trésorerie se présente sensiblement de la même façon que dans le scénario réaliste, à l'exception du solde d'encaisse qui est inférieur à cause des ventes moindres.

Dans ce scénario, j'ai aussi besoin, la première année, du programme TI afin de combler mes besoins financiers personnels et d'assurer la réinjection de fonds dans l'entreprise. Même si l'encaisse est positive (plus ou moins 7 000 $ la première année et 2 600 $ la deuxième année), je suis consciente qu'il y aura certainement des coûts imprévus durant l'année, par exemple si l'école Notre-Dame-de-la-Confiance décidait de me louer les locaux plutôt que de me les prêter. Je ne crois pas que cette somme demeure réellement dans l'entreprise après un an. Mon objectif en ce sens est d'avoir une encaisse moyenne pour l'année de 5 000 $, ce qui sera difficile la deuxième année si l'entreprise suit ce scénario pessimiste.

### *9.2.3 Le scénario optimiste*

Le scénario optimiste ne prévoit pas de prélèvements la première année, mais en prévoit la deuxième année (12 000 $). Les deux années couvertes par les prévisions financières indiquent des surplus, soit de 11 300 $ et 15 900 $ pour la première et la deuxième année respectivement. Ce scénario ne prévoit aucune réinjection de fonds dans l'entreprise.

Les bilans présentent une augmentation des éléments d'actif pour les deux années, augmentation expliquée par l'encaisse. La première année, les éléments d'actif totalisent 14 738 $, financés par le solde du prêt (2 834 $) et l'avoir (11 904 $). La deuxième année, la valeur des éléments d'actif augmente de 3 000 $ même avec les prélèvements de 12 000 $. Enfin, le mouvement de trésorerie ne présente aucun mois négatif nécessitant des réinjections de fonds.

Dans ce scénario, le besoin pour le programme TI est moins évident. Cependant, les chances que ce scénario se produise sont très minces.

### 9.3 L'analyse financière

Quel que soit le scénario, le fonds de roulement de l'entreprise permet à celle-ci de payer ses dettes et de faire face à ses obligations financières.

Le seuil de rentabilité, quel que soit le scénario et en excluant les prélèvements de la propriétaire, s'élève à 12 200 $. C'est donc dire qu'avec un chiffre d'affaires de 12 200 $, mon entreprise ne ferait ni profit ni perte. Je souhaite cependant atteindre mon objectif de 22 000 $ la première année, soit un peu moins du double du seuil de rentabilité.

### 9.4 Le financement recherché

Ce plan d'affaires a été préparé pour les fins du programme TI. Les prévisions financières décrites précédemment et présentées en annexe démontrent le besoin du programme dans les deux scénarios financiers les plus plausibles.

J'espère, Madame, Monsieur, que ce projet saura répondre aux attentes du programme et je demeure à votre entière disposition si d'autres renseignements vous étaient nécessaires.

Any Trépanier
31 mai 1997

# ANNEXES

## 1 - Curriculum vitæ de la travailleuse autonome, Any Trépanier

Any Trépanier

444, place Tranquille

Saint-Louis-de-France (Québec) G8W 1X1

Téléphone : (819) 377-7777

### FORMATION

| | |
|---|---|
| 1990 | D.E.C. en technique informatique<br>Cégep de Trois-Rivières |
| 1985 | Étude en enseignement des arts plastiques niveau primaire et secondaire<br>Université du Québec à Trois-Rivières |
| 1983 | D.E.C. en arts plastiques<br>Cégep de Trois-Rivières |
| 1980 | Diplôme d'études secondaires, secteur général<br>Polyvalente Les Estacades |

### EMPLOIS

| | |
|---|---|
| Depuis novembre 1996 | École Notre-Dame-de-la-Confiance<br>Installer les logiciels et l'équipement informatique. Préparer et donner de la formation aux adultes (Windows 95, OfficePro 7.0, Works 4.0, FileMaker Pro 3.0). Entretenir le réseau Novell 4.1. Assurer le soutien aux élèves de 1re à 6e année. |

| | |
|---|---|
| Février à septembre 1996 | Rona L'Entrepôt<br>Assurer le soutien aux usagers sur différents logiciels (gestion d'inventaire, 20-20, OfficePro), entretenir l'équipement informatique. Donner la formation aux employés sur le logiciel de gestion d'inventaire. |
| 1994-1995 | Buromax inc.<br>Acheter et installer les logiciels et l'équipement informatique. Préparer et donner la formation à l'interne sur un logiciel de gestion d'inventaire (TM4). Entretenir le réseau Novell 3.12. Assurer le soutien aux usagers pour le réseau Novell et le logiciel de gestion TM4. |
| 1994 | Centre d'entrepreneuriat du Cœur-du-Québec<br>Programmation et gestion d'une base de données avec le logiciel 4e Dimension. |
| 1993 | N.C.S.M. Québec<br>Déterminer la méthode de classification des documents. Recherche de documents pour écrire l'historique du camp d'entraînement et en faire l'ébauche. |
| 1991-1993 | Autocom enr.<br>Faire l'analyse et l'écriture d'un logiciel de gestion d'inventaire en Clipper et DBase. Écriture d'utilitaire en Turbo Pascal 6.0. Superviser un réseau Novell 2.2. Assurer le soutien aux usagers sur les logiciels WordPerfect 5.1, PCBoard et Télémate. Faire l'entretien de l'équipement informatique. |
| 1991 | Centre d'entrepreneuriat du Cœur-du-Québec<br>Comptabilité et travail sur les logiciels Excel, Works, Word, Hypercard, File Maker et Mac Draw. |
| 1985-1992 | Les Grands Magasins Woolco<br>Caissière |

## ACTIVITÉS ET CHAMPS D'INTÉRÊT

- La natation, la lecture et le cinéma sont mes principaux centres d'intérêt lors de mes moments de détente.

- J'ai un grand intérêt en ce qui a trait à la protection des animaux et de l'environnement.

- Depuis 1991, j'ai occupé divers emplois reliés de près à mon domaine d'activité. Je désire maintenant créer mon entreprise afin de pouvoir mettre mes compétences à contribution et réaliser tout mon potentiel.

- Je suis très autonome, tout en m'intégrant facilement dans un groupe. Mes expériences de travail et d'investissement dans le sport amateur m'ont permis de travailler avec diverses méthodes de travail et de m'adapter à divers groupes.

**Bilan personnel - Any Trépanier**

**Au 31 mai 1997**

## ÉLÉMENTS D'ACTIF

| | |
|---|---|
| Encaisse | 720 $ |
| Automobile (Nissan Sentra 1986) | 1 500 $ |
| Mobilier et effets personnels | 5 000 $ |
| Total des éléments d'actif | **7 220 $** |

## ÉLÉMENTS DE PASSIF

| | |
|---|---|
| Prêt étudiant | 6 723 $ |
| Prêt personnel (inclus dans le bilan de l'entreprise) | 4 000 $ |
| Total des éléments de passif | **10 723 $** |
| Valeur nette au 31 mai 1997 | ***(3 503 $)*** |

HISTORIQUE DE CRÉDIT

| | |
|---|---|
| Emprunt ordinateur à la caisse populaire (mensualités de 136 $) | |
| Solde à payer au 31 mai 1997 | 4 000 $ |
| Ce prêt est indiqué au passif du bilan d'ouverture de l'entreprise | |
| | |
| Prêt étudiant à la banque (mensualités de 200 $) | |
| Solde à payer au 31 mai 1997 | 6 723 $ |

**Besoins financiers personnels - Any Trépanier**

**Au 31 mai 1997**

**Dépenses mensuelles**

| | |
|---|---|
| Alimentation | 100 $ |
| Assurances | 12 $ |
| Automobile (essence et entretien) | 150 $ |
| Téléphone | 25 $ |
| Loisirs | 25 $ |
| Électricité | 50 $ |
| Versements sur emprunts<br>(Dont 135 $ pour le prêt de 4 000 $ transféré à l'entreprise) | 336 $ |
| Vêtements et accessoires | 50 $ |
| Total des dépenses mensuelles | **748 $** |

**Revenus mensuels** si le programme TI est accordé

| | |
|---|---|
| Assurance-emploi (net) | 840 $ |
| Notre-Dame-de-la-Confiance (indiqué aux revenus d'entreprise) | 300 $ |
| Surplus financiers mensuels | 392 $ |

Si le programme TI n'est pas accordé, mes besoins financiers personnels s'élèvent à 750 $ par mois après impôt, soit 1 000 $ par mois avant impôt.

Note : Mon conjoint travaille et assume les autres dépenses ; les biens décrits ainsi que les dépenses sont les miennes.

## 2. Curriculum vitæ des membres de l'équipe entrepreneuriale

### *2.1 Manon Trépanier*

Manon Trépanier

999, 99e Avenue

Lachine (Québec) H8S 8S9

Téléphone : (514) 637-7777

**FORMATION**

| | |
|---|---|
| 1994... | Certificat d'études universitaires en comptabilité générale<br>Université du Québec à Montréal |
| 1993-1994 | Certificat d'études collégiales en gestion financière informatisée<br>Collège Bois-de-Boulogne |
| 1980-1981 | Diplôme d'études secondaires en secrétariat de services<br>École commerciale du Cap inc. |

**EMPLOIS**

| | |
|---|---|
| 1996... | Groupe Information travail - adjointe administrative<br>Gestion informatisée, tenue de livres, états financiers, budgets, bureautique, accueil et réception. |
| 1995-1996 | Auberge communautaire du Sud-Ouest - adjointe administrative<br>Gestion informatisée, tenue de livres, états financiers, budgets, gestion de personnel, accueil et réception, relation d'aide. |
| 1994-1995 | Fédération québécoise de soccer-football - technicienne-comptable<br>Gestion informatisée, tenue de livres, états financiers, bureautique. |

| | |
|---|---|
| 1990-1992 | Office municipal d'habitation de Lachine - agente à la location<br>Analyse et gestion des demandes de logement. Information et référence auprès des locataires, perception des loyers, entente de paiement<br><br>Secrétaire-réceptionniste<br>Accueil, réception et bureautique, mise à jour des dossiers, coordination des interventions du service d'entretien. |
| 1989 | André Cyrenne inc. - secrétaire administrative<br>Implantation du système de facturation, gestion des paies par projet, comptabilité générale. |
| 1987-1989 | Induspac inc. - commis-comptable<br>Gestion des paies, comptes fournisseurs, tenue de livres, comptes clients. |
| 1986 | Info-Expert Crépaux inc. - commis-comptable<br>Gestion informatique, comptabilité générale, consultation et formation de firmes externes, bureautique. |
| 1981-1986 | Le Groupe Vanasse inc. - secrétaire administrative<br>Gestion des finances, paies, états financiers, supervision des activités courantes du bureau. |
| 1979-1980 | Bell Canada - téléphoniste<br>Assistance annuaire, téléscripteurs, etc. |

**BILAN DES ACQUIS**

15 ans d'expérience en travail de bureau

Spécialisation en comptabilité

Gestion financière informatisée

Aime relever des défis, travailler en équipe

Capable de travailler sous pression

Méthodique, fiable et autonome

## *2.2 Sylvie Lafferté*

Sylvie Laferté

199, rue Principale

Cap-de-la-Madeleine (Québec) G8G 8G8

Téléphone : (819) 372-2222

**FORMATION**

Maîtrise en économie et gestion des systèmes de petites et moyennes dimensions, Université du Québec à Trois-Rivières (1987)

**EXPÉRIENCES DE TRAVAIL**

| | |
|---|---|
| Depuis juin 1992 | CONSULTATION ENTREPRENEURIALE LAFERTÉ INC.<br>Consultante en entrepreneuriat et en organisation d'entreprise<br>Formation et aide conseil, entrepreneuriat et démarrage d'entreprise |
| Depuis octobre 1994 | Chargée de cours - Université de Sherbrooke |
| Depuis août 1994 | Conseillère - Institut d'entrepreneuriat<br>Université de Sherbrooke |
| D'octobre 1992 à avril 1993 | Cégep de Trois-Rivières (éducation aux adultes)<br>Coordonnatrice d'un programme de création d'entreprise |
| D'août 1990 à juin 1992 | Centre d'entrepreneuriat du Cœur-du-Québec<br>Coordonnatrice et directrice générale |
| D'octobre 1987 à août 1990 | Ministère de l'Industrie, du Commerce et de la Technologie (Victoriaville)<br>Conseillère en développement industriel |

| | |
|---|---|
| De janvier à octobre 1987 | Société Saint-Jean-Baptiste de la Mauricie<br>Directrice générale adjointe |
| De novembre 1985 à décembre 1986 | Groupe de soutien aux initiatives jeunesse de Francheville<br>Directrice générale et conseillère |
| De juillet à novembre 1985 | Corporation de développement économique du Trois-Rivières Métropolitain (CÉDIC)<br>Analyste-recherchiste |

**PUBLICATIONS**

Depuis 1990, plusieurs publications sur des sujets reliés à l'entrepreneurship et au démarrage d'entreprise.

## 3. Étude de marché

Analyse de la demande de services informatiques à Saint-Narcisse et à Saint-Luc-de-Vincennes

**Complément à l'annexe II : laboratoire d'informatique (24-09-1996)**

Le présent document complète l'annexe B (volet II : Laboratoire d'informatique) de la demande de subvention présentée le 12 juin 1996 par la Corporation municipale de Saint-Narcisse dans le cadre du programme Article 25. Nous avons été informés dernièrement du changement des caractéristiques et des objectifs de ce programme. Cela motive donc les nouvelles démarches que nous avons effectuées.

Dans la perspective de la création d'un emploi permanent de technicien en informatique à Saint-Narcisse et Saint-Luc-de-Vincennes, nous avons procédé à un sondage auprès des commerçants, des entrepreneurs et des citoyens. Cette consultation nous a permis, d'une part, de définir et de mesurer la demande de services informatiques puis de créer, d'autre part, une banque de noms des personnes, entreprises et commerces intéressés par les services d'un technicien en informatique. Ainsi, à la demande extrêmement importante provenant du milieu scolaire (formation des élèves et des enseignants), s'ajoute celle exprimée par les citoyens, les commerçants et les entrepreneurs.

**Évaluation de la demande provenant des citoyens**

Les municipalités de Saint-Narcisse et de Saint-Luc-de-Vincennes comptent 2 590 résidants. En retranchant les 254 élèves du niveau primaire, les enfants en bas âge et les autres personnes présentant des limitations (analphabétisme, mobilité, handicap, etc.), il reste 1 402 personnes susceptibles de fréquenter le laboratoire d'informatique en dehors des heures de cours. Elles représentent donc notre population statistique dans le cadre du sondage qui a été effectué auprès des citoyens des deux municipalités concernées.

Sur 100 questionnaires distribués, 81 personnes ont répondu. Parmi celles-ci, 72 % ont affirmé être intéressées à fréquenter le laboratoire d'informatique, ce qui en regard de notre population statistique représente 1 021 personnes. De ce nombre, 79,7 % sont intéressées à recevoir une formation en informatique, ce qui correspond à 814 personnes qui potentiellement seraient intéressées par des séances de formation au laboratoire d'informatique. Cela démontre donc que l'informatique intéresse vivement la population en général et que la présence de ressources matérielles et humaines dans le milieu incite les gens à s'initier à l'informatique ou à parfaire leur formation dans ce domaine.

Il faut toutefois signaler que l'évaluation du nombre de personnes intéressées à fréquenter le laboratoire d'informatique n'inclut pas les résidants des municipalités voisines. En ce sens, plusieurs employés d'entreprises de Saint-Narcisse et de Saint-Luc-de-Vincennes résidant à l'extérieur ont signalé leur vif intérêt à recevoir de la formation en informatique. Évidemment, quand nous commencerons les cours, nous rejoindrons aussi cette clientèle afin de rentabiliser davantage l'activité du laboratoire d'informatique.

Le tableau ci-dessous indique la nature de la formation que désirent recevoir les répondants au sondage.

**TYPE DE FORMATION DEMANDÉE**

| **Type de formation** | **%** | **Clientèle potentielle (Nb de personnes)** |
|---|---|---|
| Initiation à l'ordinateur | 72,9 | 593 |
| Traitements de texte | 27,1 | 220 |
| Bases de données | 25,4 | 206 |
| Tableurs | 13,6 | 111 |
| Internet | 52,5 | 427 |
| Comptabilité informatisée | 23,7 | 193 |
| Autres (D.O.S., logiciels de graphisme Autocad, etc.) | 3,4 | 28 |

**Évaluation de la demande provenant des entreprises**

Parallèlement au sondage effectué auprès des citoyens, une consultation fut menée afin de cerner les besoins particuliers des commerces et des entreprises de Saint-Luc-de-Vincennes et de Saint-Narcisse. La Corporation de développement Mékinac-des-Chenaux a inventorié 112 entreprises ou commerces incorporés dans les deux municipalités.

Après examen, nous n'en retenons que 74, car plusieurs d'entre eux sont en fait des travailleurs autonomes qui furent déjà pressentis lors du sondage auprès de la population en général. Par ailleurs, on retrouve parfois une même administration qui gère deux entreprises. Dans ces cas, nous avons considéré les deux entreprises comme constituant une seule entité.

Quarante questionnaires furent distribués dans les commerces et entreprises. Trente-six réponses nous sont parvenues. Elles indiquent que 24 (66,7 %) d'entre eux désirent obtenir des services informatiques. De ce nombre, 23 entreprises désirent recevoir de la formation en informatique, ce qui représente 95,8 %. On remarque que la demande pour la formation se concentre principalement dans trois domaines bien précis : l'utilisation du réseau Internet (54,2 %), l'emploi des logiciels de gestion comptable (50 %) et l'initiation à l'ordinateur (41,7 %). Viennent ensuite l'utilisation des logiciels de gestion de bases de données (33,3 %), le maniement des traitements de texte (12,5 %) et l'emploi des tableurs (12,5 %). Le dépannage informatique retient la faveur de 29,2 % des répondants désireux d'obtenir des services d'un expert en informatique.

Voilà le tableau synthèse de la formation et des services demandés par les entreprises et commerces.

**DEMANDE DE FORMATION ET DE SERVICES**
**DANS LES COMMERCES ET ENTREPRISES**

| **Formation** | **%** | **Clientèle potentielle (Nb d'entreprises)** |
|---|---|---|
| Internet | 54,2 | 40 |
| Logiciel de gestion comptable | 50,0 | 37 |
| Initiation à l'ordinateur | 41,7 | 31 |
| Gestion de bases de données | 33,3 | 25 |
| Traitements de texte | 12,5 | 9 |
| Tableurs | 12,5 | 9 |

| **Autres services** | **%** | **Clientèle potentielle (Nb d'entreprises)** |
|---|---|---|
| Dépannage informatique | 29,2 | 22 |
| Installation de logiciels | 8,3 | 6 |
| Installation de réseau | 8,3 | 6 |

Lionel Arseneault
*Corporation municipale de Saint-Narcisse*

# 4. PRÉVISIONS FINANCIÈRES

## 4.1 Scénario réaliste

### HYPOTHÈSE DE BASE

FRAIS FIXES ANNUELS

| | |
|---|---|
| Dépenses reliées au plan de mise en marché | |
| Déplacements et représentations | 600 $ |
| Impression des dépliants | 1 500 $ |
| Impression des cartes professionnelles | 50 $ |
| Poste et distribution des dépliants | 450 $ |
| Somme partielle, mise en marché | 2 600 $ |
| Dépenses reliées au plan des opérations | |
| Entretien, réparation, essence (automobile) | 1 750 $ |
| Télécommunication (téléphone, télécopie, Internet) | 1 200 $ |
| Assurances affaires | 250 $ |
| Poste et messagerie | 250 $ |
| Photocopies et impression | 100 $ |
| Papeterie et fournitures de bureau | 100 $ |
| Mise à jour des logiciels | 500 $ |
| Achat de nouveaux logiciels | 600 $ |
| Achat de manuels de référence | 300 $ |
| Somme partielle, opérations | 5 050 $ |

| | |
|---|---|
| Dépenses reliées au plan de développement, à la veille commerciale et à la veille technologique | |
| Abonnement et cotisation | 150 $ |
| Participation à des colloques, foires ou expositions | 500 $ |
| Somme partielle, développement et veille | 650 $ |
| | |
| Dépenses reliées aux aspects légaux et fiscaux | |
| Renouvellement de la forme juridique | 30 $ |
| Honoraires professionnels (comptable) | 50 $ |
| Somme partielle, aspects légaux et fiscaux | 80 $ |
| | |
| Dépenses reliées au plan financier | |
| Frais bancaires | 240 $ |
| Intérêt sur emprunt | 450 $ |
| Somme partielle, plan financier | 690 $ |
| | |
| Somme des frais fixes annuels | 9 070 $ |
| | |
| FRAIS VARIABLES | |
| Réductions sur ventes | 5 % |
| Documentation | 5 % |
| Somme des frais variables | 10 % |

Répartition mensuelle des ventes

| | |
|---|---|
| Juin | 5 % |
| Juillet | 5 % |
| Août | 5 % |
| Septembre | 15 % |
| Octobre | 10 % |
| Novembre | 10 % |
| Décembre | 5 % |
| Janvier | 15 % |
| Février | 10 % |
| Mars | 10 % |
| Avril | 5 % |
| Mai | 5 % |

Hypothèses concernant les comptes clients et les comptes fournisseurs

| | |
|---|---|
| Pourcentage des ventes faites au comptant | 80 % |
| Pourcentage des ventes faites à 30 jours | 20 % |
| Pourcentage des achats payés au comptant | 100 % |

Autres hypothèses

Les dépenses fixes seront payées comptant et augmenteront de 2,5 % la deuxième année.

Les prélèvements de la promotrice comprennent les impôts.

L'entreprise n'est pas inscrite à la TPS et à la TVQ.

La première année, la promotrice ne prendra aucun prélèvement.

La deuxième année, la promotrice prélèvera 12 000 $.

| Hypothèses concernant les ventes | Première année | Deuxième année |
|---|---|---|
| Scénario réaliste | 22 000 $ | 25 000 $ |
| Scénario optimiste | 25 000 $ | 30 000 $ |
| Scénario pessimiste | 18 000 $ | 20 000 $ |

## BILAN D'OUVERTURE

En date du : 1er juin 1997

| | | |
|---|---|---|
| Éléments d'actif | | |
| *Éléments d'actif à court terme* | | |
| Encaisse | | 540 $ |
| Payés d'avance | | |
| > Papeterie et fournitures de bureau | 50 $ | |
| > Immatriculation de la raison sociale | 30 $ | |
| > Installation d'une ligne téléphonique | 50 $ | |
| > Aménagement du local (peinture) | 32 $ | 162 $ |
| Somme partielle - éléments d'actif à court terme | | 702 $ |
| *Éléments d'actif à long terme* | | |
| Équipement informatique | | 3 200 $ |
| Logiciels | | 350 $ |
| Manuels de référence | | 318 $ |
| Somme partielle - éléments d'actif à long terme | | 3 868 $ |
| Somme des éléments d'actif | | 4 570 $ |
| *Éléments du passif et de l'avoir* | | |
| Éléments du passif | | |
| > Emprunt (12,94 %, 3 ans) | | 4 000 $ |
| Mise de fonds en argent | | 570 $ |
| Somme des éléments du passif et de l'avoir | | 4 570 $ |
| Dépenses d'amortissement | | |
| Équipement informatique, logiciels et manuels de référence | | |
| Valeur au début | | 3 868 $ |
| Amortissement (100 %), demi-taux la première année | | 1 934 $ |
| Solde après un an | | 1 934 $ |
| Dépenses d'amortissement de la deuxième année | | 1 934 $ |
| Valeur après deux ans | | - $ |

## ÉTATS DES RÉSULTATS

| | Du 1er juin 1997 au 31 mai 1998 | Du 1er juin 1998 au 31 mai 1999 |
|---|---|---|
| Ventes | 22 000 $ | 25 000 $ |
| Coût des ventes | | |
| > Réductions sur ventes | 1 100 $ | 1 250 $ |
| > Documentation | 1 100 $ | 1 250 $ |
| Somme du coût des ventes | 2 200 $ | 2 500 $ |
| Marge bénéficiaire brute | 19 800 $ | 22 500 $ |
| Dépenses | | |
| Mise en marché | 2 600 $ | 2 665 $ |
| Opérations | 5 050 $ | 5 176 $ |
| Développement et veille | 650 $ | 666 $ |
| Législation et aspects légaux | 80 $ | 82 $ |
| Frais bancaires | 240 $ | 246 $ |
| Amortissements | 1 934 $ | 1 934 $ |
| Frais financiers | 450 $ | 290 $ |
| Frais de démarrage | 162 $ | |
| Somme des dépenses | 11 166 $ | 11 059 $ |
| Profit (perte) | 8 634 $ | 11 441 $ |

| Dépenses en intérêt | Première année | Deuxième année |
|---|---|---|
| Valeur du prêt au début : 4 000 $<br>Taux 12,94 %, 3 ans<br>Versements mensuels : 134,66 $ | | |
| Portion d'intérêt | 450 $ | 290 $ |
| Solde en capital | 2 834 $ | 1 508 $ |

BILANS

| | En date du : 31 mai 1998 | En date du : 31 mai 1999 |
|---|---|---|
| Éléments d'actif | | |
| *Éléments d'actif à court terme* | | |
| Encaisse | 10 084 $ | 10 103 $ |
| Comptes clients | 220 $ | 250 $ |
| Somme des éléments d'actif à court terme | 10 304 $ | 10 353 $ |
| *Éléments d'actif à long terme* | | |
| Équipement informatique, logiciels et manuels | 3 868 $ | 1 934 $ |
| Amortissement accumulé | (1 934) $ | (1 934) $ |
| Valeur nette des éléments d'actif à long terme | 1 934 $ | - $ |
| Somme des éléments d'actif | 12 238 $ | 10 353 $ |
| *Éléments du passif et de l'avoir* | | |
| Éléments du passif | | |
| Solde du prêt | 2 834 $ | 1 508 $ |
| Somme des éléments du passif | | |
| Avoir | | |
| Avoir au début | 570 $ | 9 404 $ |
| Plus : mise de fonds | 200 $ | |
| Moins : prélèvements | | 12 000 $ |
| Plus profit (moins perte) | 8 634 $ | 11 441 $ |
| Avoir à la fin | 9 404 $ | 8 845 $ |
| Somme des éléments du passif et de l'avoir | 12 238 $ | 10 353 $ |

Calcul des comptes clients

Pourcentage des ventes faites à 30 jours = 20 %

Pourcentage des ventes faites le dernier mois = 5 %

| | |
|---|---|
| Comptes clients, première année = ventes annuelles x 5 % x 20 % | 220 $ |
| Comptes clients, deuxième année = ventes annuelles x 5 % x 20 % | 250 $ |

## Mouvements de trésorerie

| | Total | Juin 1997 | Juillet 1997 | Août 1997 | Sept. 1997 | Oct. 1997 | Nov. 1997 | Déc. 1997 | Janvier 1998 | Février 1998 | Mars 1998 | Avril 1998 | Mai 1998 |
|---|---|---|---|---|---|---|---|---|---|---|---|---|---|
| Encaisse au début | 540 | 540 | 124 | 184 | 44 | 1384 | 2894 | 4184 | 4704 | 6544 | 8054 | 9344 | 9864 |
| Entrées de fonds | | | | | | | | | | | | | |
| Ventes au comptant | 17600 | 880 | 880 | 880 | 2640 | 1760 | 1760 | 880 | 2640 | 1760 | 1760 | 880 | 880 |
| Ventes à 30 jours | 4180 | | 220 | 220 | 220 | 660 | 440 | 440 | 220 | 660 | 440 | 440 | 220 |
| Mises de fonds suppl. | 200 | | 200 | | | | | | | | | | |
| Somme des entrées | 21980 | 880 | 1300 | 1100 | 2860 | 2420 | 2200 | 1320 | 2860 | 2420 | 2200 | 1320 | 1100 |
| Sorties de fonds | | | | | | | | | | | | | |
| Frais variables | 2200 | 110 | 110 | 110 | 330 | 220 | 220 | 110 | 330 | 220 | 220 | 110 | 110 |
| Mise en marché | 2600 | 560 | 500 | 500 | 560 | 60 | 60 | 60 | 60 | 60 | 60 | 60 | 60 |
| Opérations | 5050 | 419 | 421 | 421 | 421 | 421 | 421 | 421 | 421 | 421 | 421 | 421 | 421 |
| Développement | 650 | 56 | 54 | 54 | 54 | 54 | 54 | 54 | 54 | 54 | 54 | 54 | 54 |
| Frais légaux - fiscaux | 80 | | | | | | | | | | | | 80 |
| Frais bancaires | 240 | 20 | 20 | 20 | 20 | 20 | 20 | 20 | 20 | 20 | 20 | 20 | 20 |
| Versement emprunt | 1616 | 131 | 135 | 135 | 135 | 135 | 135 | 135 | 135 | 135 | 135 | 135 | 135 |
| Prélèvements | 0 | | | | | | | | | | | | |
| Somme des sorties | 12436 | 1296 | 1240 | 1240 | 1520 | 910 | 910 | 800 | 1020 | 910 | 910 | 800 | 880 |
| Variation encaisse | 9544 | -416 | 60 | -140 | 1340 | 1510 | 1290 | 520 | 1840 | 1510 | 1290 | 520 | 220 |
| Encaisse de la fin | 10084 | 124 | 184 | 44 | 1384 | 2894 | 4184 | 4704 | 6544 | 8054 | 9344 | 9864 | 10084 |

**Mouvements de trésorerie**

| | Total | Juin 1997 | Juillet 1997 | Août 1997 | Sept. 1997 | Oct. 1997 | Nov. 1997 | Déc. 1997 | Janvier 1998 | Février 1998 | Mars 1998 | Avril 1998 | Mai 1998 |
|---|---|---|---|---|---|---|---|---|---|---|---|---|---|
| Encaisse au début | 10084 | 10084 | 9315 | 8577 | 7839 | 8851 | 9488 | 9874 | 9384 | 10394 | 11029 | 11414 | 10924 |
| Entrées de fonds | | | | | | | | | | | | | |
| Ventes au comptant | 20000 | 1000 | 1000 | 1000 | 3000 | 2000 | 2000 | 1000 | 3000 | 2000 | 2000 | 1000 | 1000 |
| Ventes à 30 jours | 4970 | 220 | 250 | 250 | 250 | 750 | 500 | 500 | 250 | 750 | 500 | 500 | 250 |
| Mises de fonds suppl. | 0 | | | | | | | | | | | | |
| Somme des entrées | 24970 | 1220 | 1250 | 1250 | 3250 | 2750 | 2500 | 1500 | 3250 | 2750 | 2500 | 1500 | 1250 |
| Sorties de fonds | | | | | | | | | | | | | |
| Frais variables | 2500 | 125 | 125 | 125 | 375 | 250 | 250 | 125 | 375 | 250 | 250 | 125 | 125 |
| Mise en marché | 2665 | 223 | 222 | 222 | 222 | 222 | 222 | 222 | 222 | 222 | 222 | 222 | 222 |
| Opérations | 5176 | 435 | 431 | 431 | 431 | 431 | 431 | 431 | 431 | 431 | 431 | 431 | 431 |
| Développement | 667 | 55 | 55 | 55 | 55 | 55 | 56 | 56 | 56 | 56 | 56 | 56 | 56 |
| Frais légaux - fiscaux | 81 | | | | | | | | | | | | 81 |
| Frais bancaires | 246 | 20 | 20 | 20 | 20 | 20 | 20 | 21 | 21 | 21 | 21 | 21 | 21 |
| Versement emprunt | 1616 | 131 | 135 | 135 | 135 | 135 | 135 | 135 | 135 | 135 | 135 | 135 | 135 |
| Prélèvements | 12000 | 1000 | 1000 | 1000 | 1000 | 1000 | 1000 | 1000 | 1000 | 1000 | 1000 | 1000 | 1000 |
| Somme des sorties | 24951 | 1989 | 1988 | 1988 | 2238 | 2113 | 2114 | 1990 | 2240 | 2115 | 2115 | 1990 | 2071 |
| Variation encaisse | 19 | -769 | -738 | -738 | 1012 | 637 | 386 | -490 | 1010 | 635 | 385 | -490 | -821 |
| Encaisse de la fin | 10103 | 9315 | 8577 | 7839 | 8851 | 9488 | 9874 | 9384 | 10394 | 11029 | 11414 | 10924 | 10103 |

## 4.2 Scénario pessimiste

**HYPOTHÈSE DE BASE**

FRAIS FIXES ANNUELS

| Dépenses reliées au plan de mise en marché | |
|---|---|
| Déplacements et représentation | 600 $ |
| Conception et impression des dépliants | 1 500 $ |
| Impression des cartes professionnelles | 50 $ |
| Poste et distribution des dépliants | 450 $ |
| Somme partielle, mise en marché | 2 600 $ |

| Dépenses reliées au plan des opérations | |
|---|---|
| Entretien, réparation, essence (automobile) | 1 750 $ |
| Télécommunication (téléphone, télécopie, Internet) | 1 200 $ |
| Assurances affaires | 250 $ |
| Poste et messagerie | 250 $ |
| Photocopies et impression | 100 $ |
| Papeterie et fournitures de bureau | 100 $ |
| Mise à jour des logiciels | 500 $ |
| Achat de nouveaux logiciels | 600 $ |
| Achat de manuels de référence | 300 $ |
| Somme partielle, opérations | 5 050 $ |

| | |
|---|---|
| Dépenses reliées au plan de développement, à la veille commerciale et à la veille technologique | |
| Abonnement et cotisation | 150 $ |
| Participation à des colloques, foires ou expositions | 500 $ |
| Somme partielle, développement et veille | 650 $ |
| Dépenses reliées aux aspects légaux et fiscaux | |
| Renouvellement de la forme juridique | 30 $ |
| Honoraires professionnels (comptable) | 50 $ |
| Somme partielle, aspects légaux et fiscaux | 80 $ |
| Dépenses reliées au plan financier | |
| Frais bancaires | 240 $ |
| Intérêt sur emprunt | 450 $ |
| Somme partielle, plan financier | 690 $ |
| Somme des frais fixes annuels | 9 070 $ |
| FRAIS VARIABLES | |
| Réductions sur ventes | 5 % |
| Documentation | 5 % |
| Somme des frais variables | 10 % |

Répartition mensuelle des ventes

| | |
|---|---|
| Juin | 5 % |
| Juillet | 5 % |
| Août | 5 % |
| Septembre | 15 % |
| Octobre | 10 % |
| Novembre | 10 % |
| Décembre | 5 % |
| Janvier | 15 % |
| Février | 10 % |
| Mars | 10 % |
| Avril | 5 % |
| Mai | 5 % |

Hypothèses concernant les comptes clients et les comptes fournisseurs

| | |
|---|---|
| Pourcentage des ventes faites au comptant | 80 % |
| Pourcentage des ventes faites à 30 jours | 20 % |
| Pourcentage des achats payés au comptant | 100 % |

Autres hypothèses

Les dépenses fixes seront payées comptant et augmenteront de 2,5 % la deuxième année.
Les prélèvements de la promotrice comprennent les impôts.
L'entreprise n'est pas inscrite à la TPS et à la TVQ.
La première année, la promotrice ne prendra aucun prélèvement.
La deuxième année, la promotrice prélèvera 12 000 $.

| Hypothèses concernant les ventes | Première année | Deuxième année |
|---|---|---|
| Scénario réaliste | 22 000 $ | 25 000 $ |
| Scénario optimiste | 25 000 $ | 30 000 $ |
| Scénario pessimiste | 18 000 $ | 20 000 $ |

## BILAN D'OUVERTURE

En date du : 1er juin 1997

| | | |
|---|---|---|
| Éléments d'actif | | |
| *Éléments d'actif à court terme* | | |
| Encaisse | | 540 $ |
| Payés d'avance | | |
| > Papeterie et fournitures de bureau | 50 $ | |
| > Immatriculation de la raison sociale | 30 $ | |
| > Installation d'une ligne téléphonique | 50 $ | |
| > Aménagement du local (peinture) | 32 $ | 162 $ |
| Somme partielle - éléments d'actif à court terme | | 702 $ |
| *Éléments d'actif à long terme* | | |
| Équipement informatique | | 3 200 $ |
| Logiciels | | 350 $ |
| Manuels de référence | | 318 $ |
| Somme partielle - éléments d'actif à long terme | | 3 868 $ |
| Somme des éléments d'actif | | 4 570 $ |
| *Éléments du passif et de l'avoir* | | |
| Éléments du passif | | |
| > Emprunt (12,94 %, 3 ans) | | 4 000 $ |
| Mise de fonds en argent | | 570 $ |
| Somme des éléments du passif et de l'avoir | | 4 570 $ |
| Dépenses d'amortissement | | |
| Équipement informatique, logiciels et manuels de référence | | |
| Valeur au début | | 3 868 $ |
| Amortissement (100 %), demi-taux la première année | | 1 934 $ |
| Solde après un an | | 1 934 $ |
| Dépenses d'amortissement de la deuxième année | | 1 934 $ |
| Valeur après deux ans | | - $ |

## ÉTATS DES RÉSULTATS

| | Du 1er juin 1997 au 31 mai 1998 | Du 1er juin 1998 au 31 mai 1999 |
|---|---|---|
| Ventes | 18 000 $ | 20 000 $ |
| Coût des ventes | | |
| > Réductions sur ventes | 900 $ | 1 000 $ |
| > Documentation | 900 $ | 1 000 $ |
| Somme du coût des ventes | 1 800 $ | 2 000 $ |
| Marge bénéficiaire brute | 16 200 $ | 18 000 $ |
| Dépenses | | |
| Mise en marché | 2 600 $ | 2 665 $ |
| Opérations | 5 050 $ | 5 176 $ |
| Développement et veille | 650 $ | 666 $ |
| Législation et aspects légaux | 80 $ | 82 $ |
| Frais bancaires | 240 $ | 246 $ |
| Amortissements | 1 934 $ | 1 934 $ |
| Frais financiers | 450 $ | 290 $ |
| Frais de démarrage | 162 $ | |
| Somme des dépenses | 11 166 $ | 11 059 $ |
| Profit (perte) | 5 034 $ | 6 941 $ |

| Dépenses en intérêt | Première année | Deuxième année |
|---|---|---|
| Valeur du prêt au début : 4 000 $<br>Taux 12,94 %, 3 ans<br>Versements mensuels : 134,66 $ | | |
| Portion d'intérêt | 450 $ | 290 $ |
| Solde en capital | 2 834 $ | 1 508 $ |

BILANS

| | En date du : 31 mai 1998 | En date du : 31 mai 1999 |
|---|---|---|
| Éléments d'actif | | |
| *Éléments d'actif à court terme* | | |
| Encaisse | 7 124 $ | 2 653 $ |
| Comptes clients | 180 $ | 200 $ |
| Somme des éléments d'actif à court terme | 7 304 $ | 2 853 $ |
| *Éléments d'actif à long terme* | | |
| Équipement informatique, logiciels et manuels | 3 868 $ | 1 934 $ |
| Amortissement accumulé | (1 934) $ | (1 934) $ |
| Valeur nette des éléments d'actif à long terme | 1 934 $ | - $ |
| Somme des éléments d'actif | 9 238 $ | 2 853 $ |
| *Éléments du passif et de l'avoir* | | |
| Éléments du passif | | |
| Solde du prêt | 2 834 $ | 1 508 $ |
| Somme des éléments du passif | | |
| Avoir | | |
| Avoir au début | 570 $ | 6 404 $ |
| Plus : mise de fonds | 800 $ | |
| Moins : prélèvements | | 12 000 $ |
| Plus profit (moins perte) | 5 034 $ | 6 941 $ |
| Avoir à la fin | 6 404 $ | 1 345 $ |
| Somme des éléments du passif et de l'avoir | 9 238 $ | 2 853 $ |

Calcul des comptes clients

Pourcentage des ventes faites à 30 jours = 20 %

Pourcentage des ventes faites le dernier mois = 5 %

| | |
|---|---|
| Comptes clients, première année = ventes annuelles x 5 % x 20 % | 180 $ |
| Comptes clients, deuxième année = ventes annuelles x 5 % x 20 % | 200 $ |

**Mouvements de trésorerie**

| | Total | Juin 1997 | Juillet 1997 | Août 1997 | Sept. 1997 | Oct. 1997 | Nov. 1997 | Déc. 1997 | Janvier 1998 | Février 1998 | Mars 1998 | Avril 1998 | Mai 1998 |
|---|---|---|---|---|---|---|---|---|---|---|---|---|---|
| Encaisse au début | 540 | 540 | 384 | 464 | 144 | 1024 | 2134 | 3064 | 3364 | 4744 | 5854 | 6784 | 7084 |
| Entrées de fonds | | | | | | | | | | | | | |
| Ventes au comptant | 14400 | 720 | 720 | 720 | 2160 | 1440 | 1440 | 720 | 2160 | 1440 | 1440 | 720 | 720 |
| Ventes à 30 jours | 3420 | | 180 | 180 | 180 | 540 | 360 | 360 | 180 | 540 | 360 | 360 | 180 |
| Mises de fonds suppl. | 800 | 400 | 400 | | | | | | | | | | |
| Somme des entrées | 18620 | 1120 | 1300 | 900 | 2340 | 1980 | 1800 | 1080 | 2340 | 1980 | 1800 | 1080 | 900 |
| Sorties de fonds | | | | | | | | | | | | | |
| Frais variables | 1800 | 90 | 90 | 90 | 270 | 180 | 180 | 90 | 270 | 180 | 180 | 90 | 90 |
| Mise en marché | 2600 | 560 | 500 | 500 | 560 | 60 | 60 | 60 | 60 | 60 | 60 | 60 | 60 |
| Opérations | 5050 | 419 | 421 | 421 | 421 | 421 | 421 | 421 | 421 | 421 | 421 | 421 | 421 |
| Développement | 650 | 56 | 54 | 54 | 54 | 54 | 54 | 54 | 54 | 54 | 54 | 54 | 54 |
| Frais légaux - fiscaux | 80 | | | | | | | | | | | | 80 |
| Frais bancaires | 240 | 20 | 20 | 20 | 20 | 20 | 20 | 20 | 20 | 20 | 20 | 20 | 20 |
| Versement emprunt | 1616 | 131 | 135 | 135 | 135 | 135 | 135 | 135 | 135 | 135 | 135 | 135 | 135 |
| Prélèvements | 0 | | | | | | | | | | | | |
| Somme des sorties | 12036 | 1276 | 1220 | 1220 | 1460 | 870 | 870 | 780 | 960 | 870 | 870 | 780 | 860 |
| Variation encaisse | 6584 | -156 | 80 | -320 | 880 | 1110 | 930 | 300 | 1380 | 1110 | 930 | 300 | 40 |
| Encaisse de la fin | 7124 | 384 | 464 | 144 | 1024 | 2134 | 3064 | 3364 | 4744 | 5854 | 6784 | 7084 | 7124 |

## Mouvements de trésorerie

| | Total | Juin 1997 | Juillet 1997 | Août 1997 | Sept. 1997 | Oct. 1997 | Nov. 1997 | Déc. 1997 | Janvier 1998 | Février 1998 | Mars 1998 | Avril 1998 | Mai 1998 |
|---|---|---|---|---|---|---|---|---|---|---|---|---|---|
| Encaisse au début | 7124 | 7124 | 6140 | 5177 | 4214 | 4651 | 4788 | 4724 | 3959 | 4394 | 4529 | 4464 | 3699 |
| Entrées de fonds | | | | | | | | | | | | | |
| Ventes au comptant | 16000 | 800 | 800 | 800 | 2400 | 1600 | 1600 | 800 | 2400 | 1600 | 1600 | 800 | 800 |
| Ventes à 30 jours | 3980 | 180 | 200 | 200 | 200 | 600 | 400 | 400 | 200 | 600 | 400 | 400 | 200 |
| Mises de fonds suppl. | 0 | | | | | | | | | | | | |
| Somme des entrées | 19980 | 980 | 1000 | 1000 | 2600 | 2200 | 2000 | 1200 | 2600 | 2200 | 2000 | 1200 | 1000 |
| Sorties de fonds | | | | | | | | | | | | | |
| Frais variables | 2000 | 100 | 100 | 100 | 300 | 200 | 200 | 100 | 300 | 200 | 200 | 100 | 100 |
| Mise en marché | 2665 | 223 | 222 | 222 | 222 | 222 | 222 | 222 | 222 | 222 | 222 | 222 | 222 |
| Opérations | 5176 | 435 | 431 | 431 | 431 | 431 | 431 | 431 | 431 | 431 | 431 | 431 | 431 |
| Développement | 667 | 55 | 55 | 55 | 55 | 55 | 56 | 56 | 56 | 56 | 56 | 56 | 56 |
| Frais légaux - fiscaux | 81 | | | | | | | | | | | | 81 |
| Frais bancaires | 246 | 20 | 20 | 20 | 20 | 20 | 20 | 21 | 21 | 21 | 21 | 21 | 21 |
| Versement emprunt | 1616 | 131 | 135 | 135 | 135 | 135 | 135 | 135 | 135 | 135 | 135 | 135 | 135 |
| Prélèvements | 12000 | 1000 | 1000 | 1000 | 1000 | 1000 | 1000 | 1000 | 1000 | 1000 | 1000 | 1000 | 1000 |
| Somme des sorties | 24451 | 1964 | 1963 | 1963 | 2163 | 2063 | 2064 | 1965 | 2165 | 2065 | 2065 | 1965 | 2046 |
| Variation encaisse | -4471 | -984 | -963 | -963 | 437 | 137 | -64 | -765 | 435 | 135 | -65 | -765 | -1046 |
| Encaisse de la fin | 2653 | 6140 | 5177 | 4214 | 4651 | 4788 | 4724 | 3959 | 4394 | 4529 | 4464 | 3699 | 2653 |

## 4.3 Scénario optimiste

### HYPOTHÈSE DE BASE

FRAIS FIXES ANNUELS

| | |
|---|---|
| **Dépenses reliées au plan de mise en marché** | |
| Déplacements et représentation | 600 $ |
| Conception et impression des dépliants | 1 500 $ |
| Impression des cartes professionnelles | 50 $ |
| Poste et distribution des dépliants | 450 $ |
| Somme partielle, mise en marché | 2 600 $ |
| **Dépenses reliées au plan des opérations** | |
| Entretien, réparation, essence (automobile) | 1 750 $ |
| Télécommunication (téléphone, télécopie, Internet) | 1 200 $ |
| Assurances affaires | 250 $ |
| Poste et messagerie | 250 $ |
| Photocopies et impression | 100 $ |
| Papeterie et fournitures de bureau | 100 $ |
| Mise à jour des logiciels | 500 $ |
| Achat de nouveaux logiciels | 600 $ |
| Achat de manuels de référence | 300 $ |
| Somme partielle, opérations | 5 050 $ |

| | |
|---|---|
| Dépenses reliées au plan de développement, à la veille commerciale et à la veille technologique | |
| Abonnement et cotisation | 150 $ |
| Participation à des colloques, foires ou expositions | 500 $ |
| Somme partielle, développement et veille | 650 $ |
| | |
| Dépenses reliées aux aspects légaux et fiscaux | |
| Renouvellement de la forme juridique | 30 $ |
| Honoraires professionnels (comptable) | 50 $ |
| Somme partielle, aspects légaux et fiscaux | 80 $ |
| | |
| Dépenses reliées au plan financier | |
| Frais bancaires | 240 $ |
| Intérêt sur emprunt | 450 $ |
| Somme partielle, plan financier | 690 $ |
| | |
| Somme des frais fixes annuels | 9 070 $ |
| | |
| FRAIS VARIABLES | |
| Réductions sur ventes | 5 % |
| Documentation | 5 % |
| Somme des frais variables | 10 % |

Répartition mensuelle des ventes

| | |
|---|---|
| Juin | 5 % |
| Juillet | 5 % |
| Août | 5 % |
| Septembre | 15 % |
| Octobre | 10 % |
| Novembre | 10 % |
| Décembre | 5 % |
| Janvier | 15 % |
| Février | 10 % |
| Mars | 10 % |
| Avril | 5 % |
| Mai | 5 % |

Hypothèses concernant les comptes clients et les comptes fournisseurs

| | |
|---|---|
| Pourcentage des ventes faites au comptant | 80 % |
| Pourcentage des ventes faites à 30 jours | 20 % |
| Pourcentage des achats payés au comptant | 100 % |

Autres hypothèses

Les dépenses fixes seront payées comptant et augmenteront de 2,5 % la deuxième année.

Les prélèvements de la promotrice comprennent les impôts.

L'entreprise n'est pas inscrite à la TPS et à la TVQ.

La première année, la promotrice ne prendra aucun prélèvement.

La deuxième année, la promotrice prélèvera 12 000 $.

| Hypothèses concernant les ventes | Première année | Deuxième année |
|---|---|---|
| Scénario réaliste | 22 000 $ | 25 000 $ |
| Scénario optimiste | 25 000 $ | 30 000 $ |
| Scénario pessimiste | 18 000 $ | 20 000 $ |

BILAN D'OUVERTURE

En date du : 1er juin 1997

| | | |
|---|---|---|
| Éléments d'actif | | |
| *Éléments d'actif à court terme* | | |
| Encaisse | | 540 $ |
| Payés d'avance | | |
| > Papeterie et fournitures de bureau | 50 $ | |
| > Immatriculation de la raison sociale | 30 $ | |
| > Installation d'une ligne téléphonique | 50 $ | |
| > Aménagement du local (peinture) | 32 $ | 162 $ |
| Somme partielle - éléments d'actif à court terme | | 702 $ |
| *Éléments d'actif à long terme* | | |
| Équipement informatique | | 3 200 $ |
| Logiciels | | 350 $ |
| Manuels de référence | | 318 $ |
| Somme partielle - éléments d'actif à long terme | | 3 868 $ |
| Somme des éléments d'actif | | 4 570 $ |
| *Éléments du passif et de l'avoir* | | |
| Éléments du passif | | |
| > Emprunt (12,94 %, 3 ans) | | 4 000 $ |
| Mise de fonds en argent | | 570 $ |
| Somme des éléments du passif et de l'avoir | | 4 570 $ |
| Dépenses d'amortissement | | |
| Équipement informatique, logiciels et manuels de référence | | |
| Valeur au début | | 3 868 $ |
| Amortissement (100 %), demi-taux la première année | | 1 934 $ |
| Solde après un an | | 1 934 $ |
| Dépenses d'amortissement de la deuxième année | | 1 934 $ |
| Valeur après deux ans | | - $ |

## ÉTATS DES RÉSULTATS

| | Du 1er juin 1997 au 31 mai 1998 | Du 1er juin 1998 au 31 mai 1999 |
|---|---|---|
| Ventes | 25 000 $ | 30 000 $ |
| Coût des ventes | | |
| > Réductions sur ventes | 1 250 $ | 1 500 $ |
| > Documentation | 1 250 $ | 1 500 $ |
| Somme du coût des ventes | 2 500 $ | 3 000 $ |
| Marge bénéficiaire brute | 22 500 $ | 27 000 $ |
| Dépenses | | |
| Mise en marché | 2 600 $ | 2 665 $ |
| Opérations | 5 050 $ | 5 176 $ |
| Développement et veille | 650 $ | 666 $ |
| Législation et aspects légaux | 80 $ | 82 $ |
| Frais bancaires | 240 $ | 246 $ |
| Amortissements | 1 934 $ | 1 934 $ |
| Frais financiers | 450 $ | 290 $ |
| Frais de démarrage | 162 $ | |
| Somme des dépenses | 11 166 $ | 11 059 $ |
| Profit (perte) | 11 334 $ | 15 941 $ |

| Dépenses en intérêt | Première année | Deuxième année |
|---|---|---|
| Valeur du prêt au début : 4 000 $<br>Taux 12,94 %, 3 ans<br>Versements mensuels : 134,66 $ | | |
| Portion d'intérêt | 450 $ | 290 $ |
| Solde en capital | 2 834 $ | 1 508 $ |

BILANS

| | En date du : 31 mai 1998 | En date du : 31 mai 1999 |
|---|---|---|
| Éléments d'actif | | |
| *Éléments d'actif à court terme* | | |
| Encaisse | 12 554 $ | 17 053 $ |
| Comptes clients | 250 $ | 300 $ |
| Somme des éléments d'actif à court terme | 12 804 $ | 17 353 $ |
| *Éléments d'actif à long terme* | | |
| Équipement informatique, logiciels et manuels | 3 868 $ | 1 934 $ |
| Amortissement accumulé | (1 934) $ | (1 934) $ |
| Valeur nette des éléments d'actif à long terme | 1 934 $ | - $ |
| Somme des éléments d'actif | 14 738 $ | 17 353 $ |
| *Éléments du passif et de l'avoir* | | |
| Éléments du passif | | |
| Solde du prêt | 2 834 $ | 1 508 $ |
| Somme des éléments du passif | | |
| Avoir | | |
| Avoir au début | 570 $ | 11 904 $ |
| Plus : mise de fonds | | |
| Moins : prélèvements | | 12 000 $ |
| Plus profit (moins perte) | 11 334 $ | 15 941 $ |
| Avoir à la fin | 11 904 $ | 15 845 $ |
| Somme des éléments du passif et de l'avoir | 14 738 $ | 17 353 $ |

Calcul des comptes clients
Pourcentage des ventes faites à 30 jours = 20 %
Pourcentage des ventes faites le dernier mois = 5 %

| | |
|---|---|
| Comptes clients, première année = ventes annuelles x 5 % x 20 % | 250 $ |
| Comptes clients, deuxième année = ventes annuelles x 5 % x 20 % | 300 $ |

### Mouvements de trésorerie

| | Total | Juin 1997 | Juillet 1997 | Août 1997 | Sept. 1997 | Oct. 1997 | Nov. 1997 | Déc. 1997 | Janvier 1998 | Février 1998 | Mars 1998 | Avril 1998 | Mai 1998 |
|---|---|---|---|---|---|---|---|---|---|---|---|---|---|
| Encaisse au début | 540 | 540 | 229 | 224 | 219 | 1904 | 3714 | 5274 | 5959 | 8144 | 9954 | 11514 | 12199 |
| Entrées de fonds | | | | | | | | | | | | | |
| Ventes au comptant | 20000 | 1000 | 1000 | 1000 | 3000 | 2000 | 2000 | 1000 | 3000 | 2000 | 2000 | 1000 | 1000 |
| Ventes à 30 jours | 4750 | | 250 | 250 | 250 | 750 | 500 | 500 | 250 | 750 | 500 | 500 | 250 |
| Mises de fonds suppl. | 0 | | | | | | | | | | | | |
| Somme des entrées | 24750 | 1000 | 1250 | 1250 | 3250 | 2750 | 2500 | 1500 | 3250 | 2750 | 2500 | 1500 | 1250 |
| Sorties de fonds | | | | | | | | | | | | | |
| Frais variables | 2500 | 125 | 125 | 125 | 375 | 250 | 250 | 125 | 375 | 250 | 250 | 125 | 125 |
| Mise en marché | 2600 | 560 | 500 | 500 | 560 | 60 | 60 | 60 | 60 | 60 | 60 | 60 | 60 |
| Opérations | 5050 | 419 | 421 | 421 | 421 | 421 | 421 | 421 | 421 | 421 | 421 | 421 | 421 |
| Développement | 650 | 56 | 54 | 54 | 54 | 54 | 54 | 54 | 54 | 54 | 54 | 54 | 54 |
| Frais légaux - fiscaux | 80 | | | | | | | | | | | | 80 |
| Frais bancaires | 240 | 20 | 20 | 20 | 20 | 20 | 20 | 20 | 20 | 20 | 20 | 20 | 20 |
| Versement emprunt | 1616 | 131 | 135 | 135 | 135 | 135 | 135 | 135 | 135 | 135 | 135 | 135 | 135 |
| Prélèvements | 0 | | | | | | | | | | | | |
| Somme des sorties | 12736 | 1311 | 1255 | 1255 | 1565 | 940 | 940 | 815 | 1065 | 940 | 940 | 815 | 895 |
| Variation encaisse | 12014 | -311 | -5 | -5 | 1685 | 1810 | 1560 | 685 | 2185 | 1810 | 1560 | 685 | 355 |
| Encaisse de la fin | 12554 | 229 | 224 | 219 | 1904 | 3714 | 5274 | 5959 | 8144 | 9954 | 11514 | 12199 | 12554 |

## Mouvements de trésorerie

| | Total | Juin 1997 | Juillet 1997 | Août 1997 | Sept. 1997 | Oct. 1997 | Nov. 1997 | Déc. 1997 | Janvier 1998 | Février 1998 | Mars 1998 | Avril 1998 | Mai 1998 |
|---|---|---|---|---|---|---|---|---|---|---|---|---|---|
| Encaisse au début | 12554 | 12554 | 11990 | 11477 | 10964 | 12551 | 13688 | 14524 | 14309 | 15894 | 17029 | 17864 | 17649 |
| Entrées de fonds | | | | | | | | | | | | | |
| Ventes au comptant | 24000 | 1200 | 1200 | 1200 | 3600 | 2400 | 2400 | 1200 | 3600 | 2400 | 2400 | 1200 | 1200 |
| Ventes à 30 jours | 5950 | 250 | 300 | 300 | 300 | 900 | 600 | 600 | 300 | 900 | 600 | 600 | 300 |
| Mises de fonds suppl. | 0 | | | | | | | | | | | | |
| Somme des entrées | 29950 | 1450 | 1500 | 1500 | 3900 | 3300 | 3000 | 1800 | 3900 | 3300 | 3000 | 1800 | 1500 |
| Sorties de fonds | | | | | | | | | | | | | |
| Frais variables | 3000 | 150 | 150 | 150 | 450 | 300 | 300 | 150 | 450 | 300 | 300 | 150 | 150 |
| Mise en marché | 2665 | 223 | 222 | 222 | 222 | 222 | 222 | 222 | 222 | 222 | 222 | 222 | 222 |
| Opérations | 5176 | 435 | 431 | 431 | 431 | 431 | 431 | 431 | 431 | 431 | 431 | 431 | 431 |
| Développement | 667 | 55 | 55 | 55 | 55 | 55 | 56 | 56 | 56 | 56 | 56 | 56 | 56 |
| Frais légaux - fiscaux | 81 | | | | | | | | | | | | 81 |
| Frais bancaires | 246 | 20 | 20 | 20 | 20 | 20 | 20 | 21 | 21 | 21 | 21 | 21 | 21 |
| Versement emprunt | 1616 | 131 | 135 | 135 | 135 | 135 | 135 | 135 | 135 | 135 | 135 | 135 | 135 |
| Prélèvements | 12000 | 1000 | 1000 | 1000 | 1000 | 1000 | 1000 | 1000 | 1000 | 1000 | 1000 | 1000 | 1000 |
| Somme des sorties | 25451 | 2014 | 2013 | 2013 | 2313 | 2163 | 2164 | 2015 | 2315 | 2165 | 2165 | 2015 | 2096 |
| Variation encaisse | 4499 | -564 | -513 | -513 | 1587 | 1137 | 836 | -215 | 1585 | 1135 | 835 | -215 | -596 |
| Encaisse de la fin | 17053 | 11990 | 11477 | 10964 | 12551 | 13688 | 14524 | 14309 | 15894 | 17029 | 17864 | 17649 | 17053 |